图解 精益制造 *072*

这样开发设计世界顶级产品

世界No.1製品をつくるプロセスを開示　開発設計の教科書

［日］寺仓修　著

冯晶　译

人民东方出版传媒
People's Oriental Publishing & Media
东方出版社
The Oriental Press

前　言

　　汽车行业迎来了百年一遇，确切地说，应该是 130 年一遇的变革期。物联网（Internet of Things，IoT）、人工智能（AI）、第五代移动通信系统（5G）等新技术已经登场，正在戏剧性地改变着造物行业。汽车厂商加速发展新四化（CASE），即"网联化（Connected）""自动驾驶（Autonomous）""共享化（Sharing）""电动化（Electric）"。它们不仅与关联公司合作，还积极开始了与海内外 IT 公司等高科技企业的跨界合作。

　　但是，无论技术如何变化，制造业的根本不会改变。那就是，保持强于竞争对手的品质和成本"优势"，持续获得客户的"信赖"。而这一普遍性课题的关键在于设计。因此，考虑到"设计阶段决定了 80% 的成本和品质"，我们必须采取与这一现实相匹配的工作方式。

　　设计阶段的工作可以分为两大部分。即"先行开发"和"量产设计"。本书将结合丰富的案例，系统性地解释这两大工作，以期读者朋友们可以掌握普适性工作流程。

　　那么，先行开发具体做什么呢？有两个要点，分别是【1】如何制定"世界第一产品"的绝对性领先目标（绝对领先目

1

标），和【2】如何寻找技术解决方案。第 3 章将围绕这一内容进行论述，具体介绍先行开发的全部工作步骤、绝对领先目标应满足的重要条件，以及如何突破阻碍因素等。

此外，在第 3 章中，笔者还会介绍挑战世界第一产品的丰富案例。例如，其实就发生在我们身边的设定绝对领先目标的案例、世界第一产品的开发案例、绝对领先速度的开发案例等，笔者将从不同角度切入，进行介绍。

紧随其后，第 4 章将介绍量产设计的工作。量产设计的目的是 120% 实现先行开发设定的品质目标（即使生产 100 万个，也不会有 1 个品质不良）。笔者将通过具体案例，说明量产设计的流程、技术知识、评价标准等"七个设计力要素"。

此外，第 4 章还会解释量产设计的流程。读者朋友们可以结合具体设计案例，学习挑战"120%"达成品质目标时应考虑什么课题、预防品质问题的开发方法，以及如何应用过往品质问题的经验教训等。

第 5 章总结了灵活应用并不断改善上述工作方法的要点。以设计评审（DR）和 FMEA 为例，展开详细介绍。设计阶段的工作流于形式，不仅会导致产品问题，还可能引起不法行为。因此，第 5 章还会介绍预防工作流于形式，改进开发设计的方法。

第 6 章介绍了挑战世界第一产品的多位资深人士的经验，论述了挑战全球第一产品时，设计者应该具备的姿态。

综上所述，在产品开发中，两个设计阶段（先行开发和量产设计）相辅相成，共同促进制造业的发展。

在造物行业迎来变革期的当下，回归造物根本，变得愈加重要。

如果本书能为立志成为世界第一产品设计者的朋友们略尽绵薄之力，将是笔者的无上荣幸。

寺仓修

目录

第 1 章

何为设计者，何为设计力

第 2 章

"先行开发"保证优势，"量产设计"赢得信赖

第3章

实现绝对领先目标的先行开发工作

第4章

实现"120％"的品质的量产设计工作

第 5 章

防止设计阶段的工作流于形式

第 6 章

挑战绝对领先产品设计者应有的姿态

第7章
Q&A 设计者共通的七个烦恼

V

第 1 章

何为设计者，何为设计力

何为设计，何为设计者，
以及何为设计力

经济产业省发布的 2018 年版《造物白皮书》(正式名称为《制造基础白皮书》) 中采纳了笔者一段谏言。其主要内容为，"必须建立一套从设计阶段就注意品质管理的办法。如若设计本身有问题，或设计本身很难保证品质，那么在制造现场，无论现场技术人员多么拼尽全力地管理品质，也很难保证产品的品质"。

那时制造业出现了篡改品质数据等问题，此段谏言就发生在这样的背景之下。

当时笔者接受媒体采访时，这样说过，"一旦发生品质问题，我们经常听到有人评论'现场力下降了'，但是，制造现场是无法纠正设计失误的。我们应该懂得造物的关键在于上游的设计阶段"。

这段谏言直接解释了**何为设计**，以及**何为设计者**。设计是对制造现场的品质有重大影响的工作。而设计者是站在拥有重大影响力的位置、担任设计工作的人。

正因为拥有重大影响力，设计者必须彻底做好设计工作。而彻底做好设计工作所需的，就是本书论述的**设计力**。

2 胜负取决于 CAD 之前

笔者有机会得以与学生围绕设计、设计者进行交流。每次问他们"设计是什么",他们的回答大抵都是"CAD"。他们好像认为 3D（三次元）——CAD 画图就是设计了。因为没学过企业实际进行的专业设计,所以对他们来说,这个问题可能有点难。但即使部分人知道开发设计的工作需要长年累月的时间,在我问他们"那么长时间都干什么呢?"时,他们往往沉默不答。在通过各种各样的案例告诉他们设计阶段流程众多,需要丰富的知识储备后,他们才终于意识到,除了 CAD,设计还有很多其他工作,是个累活儿。

那么,企业里的设计人员是如何理解设计这份工作的呢?因为工作关系,我有机会跟很多设计人员进行交流。从他们的回答中,可以一窥所属企业存在的问题。

比如,从"做 CAD 就是设计"这样的回答,可以知道他们认为"只要能画出图来,就能加工出零件"。从"做 CAD 前,我们会进行理论计算,研讨技术方案"这样的回答,可以看出他们的问题是"没有定量化研讨余量和安全系数"。从"会定量研讨余量和安全系数"的回答中,可以发现他们"将设计工作完全交给担当人员，所以设计质量不稳定"的问题。从"我们有规定工作机制，在节点时，管理人员会讨论并决议工作进度和内容"的回答，可以看出"在预防品质问题方面，他们公司可能做得并不理想"。在设计方面，很多企业都面临着各种各样的问题。

所处企业和部门不同，对于"何为设计"的理解和做法也大不相同。为什么会存在这样的差异呢？因为部门历史和企业规模等因素的影响。此外，对设计本质的理解不到位、即使理解到位也没有执行机制、即使有执行机制也不过是形式化工作等，原因背景复杂繁多。因此，对于设计的基本理解也就各不相同了*。

---

　　* 我想聊聊让我觉得需要普及设计力的一段经历，以及由此触发的感想。2010年左右，我曾访问过位于东南亚某国的一个工业聚集地。那是一个位于首都郊外、配套完整的工业地区。这段故事就是访问那里的某家公司的故事。

　　很碰巧的是，笔者正好曾经开发过那家公司当时正计划生产的一款产品。那家公司的社长咨询我研发周期，在听到我"4年"的回答后，他非常吃惊。他似乎在期待一个"半年左右"的答案。我当时极力强调了为什么需要4年，但他还是没有理解。从这段交流中，我意识到"这家汽车零部件公司原来存在'设计力'的问题"。

　　"设计力"指为实现100%的品质而"完成到底的力量"。毫无遗漏地发现问题，从理论以及定量依据出发，明晰所有问题，一步一步实施开发，这是研发工作的基本。开发新产品时，虽然会遇到堆积如山的课题，那也必须毫不妥协，各个击破。

　　追求100%达成品质，还是做到95%就行了，两者天差地别。甚至在追求100%和做到99%就妥协之间，也有极大差别。因为追求最后的1%是极其艰难的。

　　从笔者的经验来看，为解决最后的1%，花费总开发工时的50%也不足为过。正因为以严格的姿态进行挑战，才需要4年的研发时间。

也许半年时间也可以设计出"类似的东西"，但那是妥协的产物，不能称之为可以交付给客户的产品。如果可以妥协，应该会被认为没有掌握真正的"设计力"吧。没有任何一家车企愿意从这样的公司购买零件。

即使只有一个问题零件，但对于顾客来说也是100%的不良。如果设计力低下，完成度达到九成之后就决定生产，其结果就是放弃纠正一件不良。但是，就算生产100万个产品，我们也绝不允许出现一个品质问题。为此，真正的"设计力"至关重要，而本书论述的正是真正的"设计力"。

3　将设计力像 5S 一样普及开来

然而，笔者这样认为：迄今为止，**设计的应有姿态**并未被大家普遍理解并接受。与此形成鲜明对比的是"现场力"。"现场力"被普遍理解为"改善（Kaizen）"等工作方法，并扎根于人们的心中。大家形成一种普遍共识，"现场就该这样"。

然而，设计阶段不可或缺的"设计力"，还远远没有普及。也就是说，对于设计阶段应该怎么做，社会还没有形成普遍共识。这就是为什么企业和部门不同，对于设计工作的应有姿态的理解也不同。

同现场力一样，设计力也有普遍性工作方法。如果能形成共识，设计阶段的工作水平就能更上一层楼了。

比如，试着思考一下品质不良的问题吧。全体制造业都致力于提升品质，希望今天比昨天好，明天比今天更好。各家公司都在学习品质提升办法，每年至少举行一次品质日活动，努力对员工开展品质启蒙。在设计阶段，各家公司也会召开设计评审（Design Review：DR）和决议会。那么，其效果以何种形式显现出来了呢？从 10 年前到现在，设计变更的数量是否呈现下降趋势呢？

笔者问过很多设计者这个问题，可以说几乎没有听到过逐年向好的答案。我们必须接受这个事实。笔者将在第 4 章介绍每年提报给国土交通省的汽车召回案件一直在 200 件左右，10 年间没发生什么变化。而且，比起源于制造阶段的召回案件，源于设计阶段的案件要多得多。所以，需要改善设计阶段的工作。

为此，像现场力一样，对设计阶段的工作形成一定的**共同理解并普及开来**十分重要。至于能改善多少设计问题，只能试一试，因为我们无从得知。但是，无论公司规模大小，对全日本的制造企业来说，现场的 5S（整理/整顿/清扫/清洁/素养）都是基本。设计力也应该像 5S 一样，将"设计力是开发设计的食粮"普及为工作的基本。下一步才是日复一日地提升设计力，培养出真正有效的设计力。笔者就是怀着这样的美好愿望，写下了这本书。

笔者从 10 年前开始，就一直提倡，对于造物行业而言，**设计力和现场力是两个车轮**，都是造物工作的必要条件，两者齐备就是充足条件。本书将围绕"设计力"进行论述，受众是企业的设计者、管理人员，以及立志于成为设计者的学生们。

笔者衷心希望读者朋友们能以本文提到的设计阶段的工作方法为本，结合不同岗位，转换成各自适用的"设计力"，并不断提升。

第 2 章

"先行开发"保证优势，"量产设计"赢得信赖

　　本章首先会介绍设计阶段的工作由前半部分的**先行开发**和后半部分的**量产设计**构成。随后论述先行开发的责任在于保证强于对手的**优势**，量产设计的责任在于赢得客户的**信赖**[1]。

*1　人们说，随着人工智能（AI）和物联网（Internet of Things：IoT）的发展，制造业迎来了百年一遇的变革期。虽说如此，制造业的根本依然是"优势"和"信赖"。比竞争对手有优势，就会被客户选择，那么被消费的可能性就会提升。然后，一旦被客户选中，我们就必须保持下去。为持续获得青睐，客户的"信赖"必不可少。无论技术环境如何变化，努力获得优势、赢得信赖都十分必要。

1　设计阶段的工作案例

　　接下来，介绍一个可以想象到设计阶段如何工作的案例。这是首次向国内推出的一个汽车零件（车载零件）——"雨滴感应式雨刮系统（以下简称 AWS）"[2]的雨量传感器[3]的开发故事（图2-1）。笔者在电装（DENSO）工作时，曾亲自研发了此零件。

*2　**AWS**　根据雨水状态，自动调节雨刮擦拭速度的系统。驾驶员通常需要手动切换雨刮的擦拭速度。根据情况区分使用，微雨时用"间歇模式"，小雨时用"低档（Low）模式"，雨势猛烈时用"高档（High）模式"。而 AWS 会自动检测雨量，并根据雨量，自动控制雨刮擦拭速度。

*3　**雨量传感器**　检测雨量的传感器。AWS 的关键构成件（主要零件）。

这项工作始于我们的客户——汽车主机厂向我们提出了这样一个要求，"我们想在旗舰车型（最高级别的车型）'雷克萨斯'上搭载 AWS。因此，希望你们可以开发该系统的关键零件——雨量传感器"。

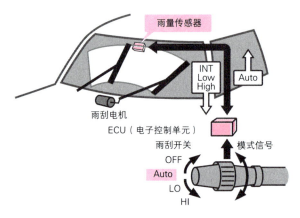

（资料来源：WORLDTECH）

图 2-1●雨滴感应式雨刮系统（AWS）

当时，在已有的雨量检测传感器中，没有任何一款可以支持客户要求的系统。因此我们面临着不得不重新开发的境况，但我们依旧回答"好的，我们会研讨"。面对非常重要的客户的开发要求，不仅是销售，设计人员也一样，给出正面积极的答复非常重要。在说出"好的"，展示出积极的姿态之后，笔者开始了以下工作。

雨量传感器的开发工作

【1】判断是否被市场需要

首先，我们研讨了是否具有开发价值。因为当初欧洲已经开始采用 AWS，所以我们调查了欧洲的情况。调查发现，那里天气多变，而且很多道路没有限速要求。因此，我们判断如果实现雨刮自动调节，从便利性和安全性的角度出发，市场会需要这样的功能[4]。

[4] 汽车兼具各种各样的功能，形成了安全舒适的移动空间。各种各样的功能既包括"行驶""转弯""停止"等基本功能，也涵盖伴随着电动化和自动驾驶的发展而备受关注的"安全""舒适""便利""环境友好"等功能。那些认为随着时刻变化的雨势，调节雨刮速度很麻烦的人，以及觉得实现自动调节，高速行驶会更加安全的人应该会喜欢这个系统。

【2】寻找技术课题的解决方案

下一步工作是寻找技术课题的解决方案。当时面临的技术课题是降雨状态的检测方法。因为降落的雨滴有一定的重量，所以，有检测落雨引起的震动的方法，还有将光电管成对设置，检测光电管之间通过的雨量等方法。我们研讨了几种不同的技术方案。从结果出发，对几种方案进行优劣势分析，最后选择了应用红外线反射原理的"红外线反射方式"[5]（图2-2）。

＊5 红外线反射方式 基于红外线反射量，检测降雨的方式。具体方法是，按照车内完全反射的角度设置红外线装置，检测附着在前挡风玻璃上的雨滴。由于前挡风玻璃和水的折射率很接近，所以如果玻璃表面附着大量雨水，红外线将容易穿透，反射量变少。附着的雨水少，则红外线反射量变多。干燥状态时，红外线几乎会全部被反射回来。通过这种方式，把握是微雨、小雨还是大雨。

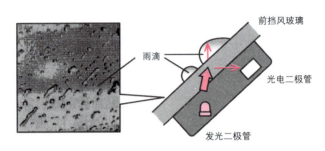

（资料来源：WORLDTECH）

图2-2●雨量传感器采用的红外线反射方式的结构

利用红外线反射原理，检测前挡风玻璃上的雨水附着状态。

【3】面向量产，开始开发

找到了技术课题的解决方案，我们终于开始了面向量产的研发工作。首先要设定传感器的开发目标。具体包括整车搭载位置、搭载方法、大小、性能、功能、成本等。

【4】开始设计构想

定下设计目标后，我们开始了设计构想。决定以光学元件为主的构造，以及区分信号处理回路的硬件和软件等。同时，通过光学模拟和装配手工样件的方式，验证了在有限的空间和搭载环境下，能否准确检测出降雨状态。

【5】研讨细节设计

随后，我们开始研讨细节设计。画试做图纸，制作等同于量产水平的试作品。我们具体研讨了光学公差和框体设计、信号处理回路、符合驾驶员感受（feeling）的雨刮调节算法等设计细节。当然，做这些工作的同时，必须牢记将成本控制在目标范围内。这是一件很难的工作。

【6】评价

试作品出来后，接下来就是评价了。开发设计中的评价是指，进行**加速试验**等[*6]。当时，让我们费尽心力的是评价雨刮动作是否符合驾驶员的感觉。我们曾尝试人工再现降雨方式，但并不顺利，因此，最终我们在雨中行驶，实施了此评价。

＊6　加速试验　找到短时间内可以再现产品设计目标保障期内的市场累计使用条件，并在该条件下评价产品。设计目标保障期是设计阶段设定的目标数值，例如，保证 12 年内，28 万 km 行驶里程内不发生品质不良。

平时，我会觉得"今天怎么又下雨了，要是晴天多好……"，但到了评价试作品时，如果遇不到合适的雨天，一个月的时间一转眼就过去了。一听到台风的天气预报，我们就马上飞车赶到台风地区，行驶在台风中评价。也需要评价雪天，所以我们还跑到了新潟县和北海道等地区，评价了不同雪质的影响。此外，北美市场是搭载此系统车型的重要市场，因此我们还去了北美进行评价。

【7】制作量产图纸

就这样，完成了各种各样的评价之后，我们将**试做图纸**转换成**量产图纸**，并提交给下一工程的生产准备责任部门[*7]。

*7　试做图纸是考虑了量产工程的图纸，如加工精度、加工方法、安装工艺等。量产图纸以试做图纸为基础，从制图规则上分析是否有漏记或错记，检查尺寸公差是否矛盾，公差是否过于严苛，加工和安装标准是否明确，注释是否会引起后续工程的误解，构成技术是否存在担心点，图纸本身是否有失误或不完整等，然后彻底加以修改。

从接到客户"我想装载这样的东西"的需求，到向下一工程输出量产图纸，我们大概花了两年半的时间。而产品成功投放到市场是收到需求的 4 年之后了（图 2-3）。

（资料来源：WORLDTECH）

图 2-3●雨量传感器

这就是汽车零件设计工作的一个案例，很多产品的设计工作都大抵与此相同。

设计阶段的工作决定80%的品质和成本

至此，笔者介绍了一个设计阶段的工作案例。接下来，笔者将结合此案例，将设计阶段的工作转换成普遍适用的语言。

2.1 图纸是传递信息的手段

如上述案例所示，设计阶段的工作始于掌握客户需求，终于向后续工程提交图纸。

从掌握客户需求到提交量产图纸

【1】 明确商品式样

首先，我们需要掌握客户需求。具体来说，就是明确**商品式样**[*8]。

*8　**商品式样**　体现客户愿意为其买单的"效用"和"满足感"的东西。效用指商品会给客户带来什么，以及具体展现方式。满足感指耐用、质感好、漂亮、价格等因素。换言之，商品式样是能给客户带来"喜悦感"的东西的汇总，必须是"站在客户角度的东西"。从汽车零件的角

度出发，应该是可以给主机厂带来喜悦感、给车载系统提供必要功能和性能的体现。

【2】 转换成产品式样（决定设计目标）

接下来，就是将确定下来的商品式样转换成制造角度的**产品式样**[*9]。产品式样也可以表现为**设计目标**。

> **[*9] 产品式样**　基于商品式样转换成的"制造角度的表现形式"。站在制造的角度，描述功能、性能、可靠性、外观、美感、重量等品质（Quality：Q），成本（Cost：C），以及交期（Delivery：D）等。在汽车零件的领域中，产品式样是将汽车主机厂要求的商品式样转换成定量数据，考虑整车环境和市场环境，充分研究安全系数和余量，以实现"实物（产品）"落地的式样。

换言之，商品式样和产品式样呈现出如下关系。商品式样指需要某种东西，是"必要条件"。而产品式样（设计目标）是将商品式样转换成实物（产品）的**必要充分条件**（图2-4）[*10]。

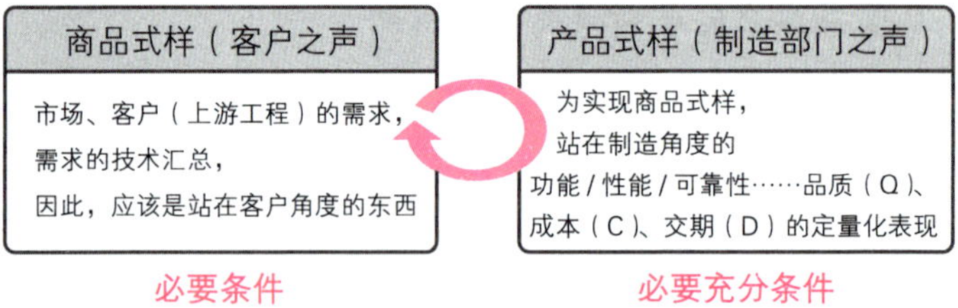

商品式样（客户之声）	产品式样（制造部门之声）
市场、客户（上游工程）的需求， 需求的技术汇总， 因此，应该是站在客户角度的东西	为实现商品式样， 站在制造角度的 功能/性能/可靠性……品质（Q）、 成本（C）、交期（D）的定量化表现
必要条件	必要充分条件

（资料来源：WORLDTECH）

图2-4●商品式样与产品式样

> **[*10] 产品式样（设计目标）** 的必要条件和必要充分条件的关系存在于造物流程的前后工程之间。例如，"市场需求"和"整车企划"，"整车

企划"和"系统企划/开发"，"系统企划/开发"和"构成零件的开发/设计"等，这种关系存在于各个工程之间。式样需求方提出必要条件，接收方站在自己的角度，将其转换成必要充分条件（图2-A）。

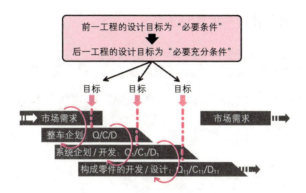

（资料来源：WORLDTECH）

图2-A●产品式样（设计目标）的必要条件和必要充分条件的关系
设计目标（目标）存在于工程之间，前一工程为必要条件，
后一工程为必要充分条件。

【3】 设计目标的定量化

定下设计目标之后，接下来需要定量化明确（可视化）达成目标的方法、结构以及材质等。

【4】 制作图纸并提交给下一工程（工程设计）

将明确下来的定量化设计目标通过**图纸**[*11]的手段传递到下一工程。下一工程指生产准备工程，一般为**工程设计**。

*11　**图纸**是将设计目标达成手段定量化的可视化表现。定量化、可视化的表现可以称为信息。换言之，图纸是实现设计目标的信息传递手段。

【5】图纸信息的落地

根据工程设计，整备好生产线之后，图纸信息被100%加工成实物，这叫作图纸信息的落地。

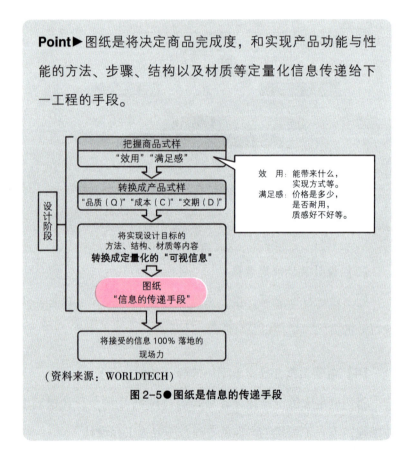

Point▶图纸是将决定商品完成度，和实现产品功能与性能的方法、步骤、结构以及材质等定量化信息传递给下一工程的手段。

（资料来源：WORLDTECH）

图2-5●图纸是信息的传递手段

2.2 在设计阶段，80%的品质和成本已被决定

在上文中，笔者讲到生产准备工程接收到图纸信息后，会

将其 100% 转换成实物（产品）。在此过程中，生产现场的力量，即**现场力**发挥着很大的作用。现场力将信息 100% 转换成实物（产品）。因此，会面临如下问题。

假如接收的信息完全正确，那么现场力将其转换成实物之后，不会发生任何问题。但是，如果接收的信息有误，就会产生问题，问题就是基于错误信息进行加工，最终生产出基于错误信息的实物（产品）[Example 1]。

Example 1 一个操作开关的触点耐久次数目标为 1 万次以上。那么，在触点的图纸上，就必须有 1 万次不坏的记录。然而，如果记录在图纸上的是 1000 次就会导通不良的触点材料和触点形状，那么基于此信息生产出来的实物就会在 1000 次使用之后发生导通不良。

丰田汽车集团企业有这样一句话，"前一工程是上帝，后一工程是客户"。诚如这句话所言，生产现场按照前一工程提供的图纸进行加工，坚信在设计目标 1 万次以内，绝不会破损。而错误的图纸却让抱着这样的坚定信念、发挥现场力努力工作的现场工作者们，生产出 1000 次使用之后就会破损的产品。明明遵照图纸加工，最后的产品还是没到目标使用次数就坏了。但是，这种问题靠生产现场是无法纠正的。

所以，图纸不可以出错，图纸绝不允许存在大意之失。

也就是说，Q（品质）和 C（成本）很大程度上受到了图纸水平的影响。可以说，设计阶段的工作决定了 80% 的品质和成本，对后续工程影响深重。(图 2-B)。

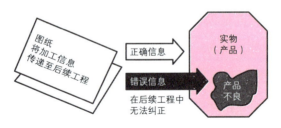

（资料来源：WORLDTECH）

图 2-B●图纸决定了80%的品质和成本

虽然本章节聚焦于设计阶段，但同理，设计阶段之后的工程设计对生产也影响深远。总结来说，在造物工作的流程中，每一个工程都对后一工程有着深远的影响。其中，设计阶段位于造物工作的上游，对下游的影响极大。

> **Point▶**图纸一旦出错，就会造出基于错误信息的实物（产品）。图纸决定了品质和成本的绝大部分。

2.3 设计对成本构成有决定性影响

图 2-6 展示了**成本构成**，及其因素与图纸的关系[*12]，图纸关系着所有成本构成因素，直接或间接地决定了成本。换言之，设计阶段的工作深深地影响了成本。

*12 成本由以下 5 项构成。
【1】直接成本：设备折旧费、模具费、材料费、外购零件费、

组装加工费的总和。

【2】总成本：直接成本加间接管理费。

【3】间接管理费：间接制造费和销售管理费的总和。

【4】间接制造费：制造和设计管理部门的费用。

【5】目标售价：总成本加收益。。

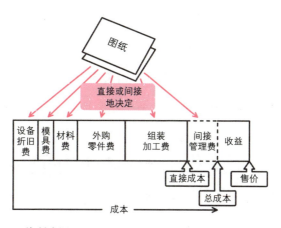

（资料来源：WORLDTECH）

图 2-6 ● 图纸影响着所有成本要素

有了图纸才有了制造业的工作

有了图纸，制造业才成立。具体如下。

【1】图纸规定的零件加工、分装（sub‐assembly：中间组装）、总装（assembly：完成安装）决定了必要的设备。

【2】为了制造图纸规定的零件，决定了必要的模具。

【3】图纸规定了必要的材料。

【4】采购图纸中规定的零件等。

【5】按照图纸规定的安装要领，配备生产线，进行生产作业。

【6】设计部门制作图纸的工时含在间接管理费中。

换言之，有了图纸，才有了设备和模具等方面的工作，才能采购材料，从供应商处买入零件。因为有了图纸，才有了生产现场的工作。也就是说，有了图纸才有了每天的工作。

制造业的基本是相关部门和相关人员围绕图纸展开工作。而设计工作就是制造业的基本——图纸。

> **Point▶**设计阶段关系着成本构成的所有要素。有了图纸，才有了制造业的工作。

3 "彻底做好"设计阶段，就是"设计力"

至此，笔者论述了设计阶段的工作对造物影响深远。具体来说，设计阶段的工作几乎完全决定了产品的品质和成本。因此，设计阶段的工作必须匹配得上其巨大的影响力。

那么，设计阶段到底都做些什么呢？在第 2 章 2.1（p. 11）中笔者介绍到，设计阶段的工作是"为了将顾客的需求转换成实物（产品），而将顾客需求转换成图纸信息"的工作。

此外，由于设计阶段的工作极大地影响了产品品质和成本，因此，将顾客需求转换成图纸的工作，必须配得上其巨大的影响力。

担得起巨大影响力的工作，一言以蔽之，就是彻底做好将顾客需求转换成图纸的工作。不只是"做"这个动作，还要彻底做好。"做"和**"彻底做好"**天差地别。被赋予设计这个名字的部门负责将顾客需求转换成图纸。但做到 50% 和 99% 都不行，必须做到 100%。如前文所述，一旦信息有误，就会基于错误信息加工实物（产品）。最终生产出无法满足品质和成本要求的产品。

虽然如此，但在实际工作中，做到 100% 是极其困难的。牢牢记住 100% 的目标，并朝着目标不断努力至关重要。

向彻底做到 100% 而努力，我们称之为**设计力**（图 2-7）。

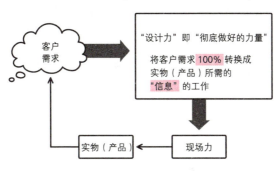

（资料来源：WORLDTECH）

图 2-7●设计力即"彻底做好的力量"

Point▶设计阶段指"彻底做好"将客户需求转换成图纸信息的工作。彻底做好此工作的力量就是设计力。

设计力分别存在于先行开发和量产设计阶段

我们可以用"彻底做好"将客户需求转换成图纸信息的工作的力量来定义"设计力"。接下来具体聊聊要彻底做好什么。

4.1 设计阶段由"先行开发"和"量产设计"构成

将客户需求落地为实物（产品）的流程可以大致分为 4 个阶段。【1】先行开发,【2】量产设计,【3】**生产准备**,【4】**生产**。其中,【1】先行开发和【2】量产设计为**设计阶段**。生产准备和生产称为**制造阶段**。在第 2 章第 1 节（p.11）中,笔者结合 AWS 雨量传感器的开发案例,依次介绍了从把握客户需求,到向后续工程提交图纸的设计阶段的工作。接下来将此工作转换成普遍适用的语言。

设计阶段的工作流程

如果将第 2 章第 1 节（p.11）介绍的 AWS 雨量传感器的

【1】~【7】的流程转换成普遍适用的语言后，将是下面这个结果。

普遍适用的语言⇒第2章第1节（p.11）【1】~【7】介绍的设计阶段的工作案例

第1步：明确商品式样⇒【1】掌握可以体现客户喜悦感的式样。

第2步：寻找**技术瓶颈**[*13]的解决方案⇒【2】掌握部门**基础技术**的课题，寻找技术解决方案。

＊13 技术瓶颈是依靠已有的基础技术无法解决的技术课题。寻找技术瓶颈的解决方案，必须解决现有技术实力和所需技术的差距，打破技术阻碍因素。详细内容请见第3章。

第3步：设定设计目标⇒【3】设定基于制造角度的式样Q（品质）、C（成本）、D（交期）。

第4步：**构想设计**⇒【4】确认基本性能，区分软硬件等。

第5步：**细节设计**⇒【5】研讨机械结构、电子回路、软件的细节设计。

第6步：**准备试作品**⇒【6】画试做图纸，制作试作品。

第7步：**评价试作品**⇒【7】进行初期性能评价、耐久性能评价、市场评价。

第8步：**出图**⇒【8】向后续工程传递量产图纸。

综上所述，设计阶段的工作由8个步骤构成。这些步骤可以进一步分成两组。第 1、2 步为前一组，第 4 步到第 8 步为后一组（关于第 3 步，请看后文介绍）。

前一组的第 1、2 步负责把握商品式样，寻找技术瓶颈的解决方案。即面对客户需求，站在技术角度，研讨可否实现的阶段。换言之，前一组是判断此开发可否进展至量产设计的阶段。

与此形成对比，后一组的第 4 步到第 8 步从构想设计、细节设计，到准备和评价试作品，所有工作的目的都是出图，即向后续工程提交量产图纸。这一组考验的不是应对能力，而是完成能力。

那么第 3 步属于哪一组呢？实际上，第 3 步横跨前后两组。对比竞争对手，**设定差异化设计目标**属于前一组的工作，而为**量产设定量产设计目标**是后一组的工作。差异化设计目标指为打败竞争对手而设定的目标项目及数值。而量产设计目标指设计上所有必要的目标项目及数值。差异化设计目标是绝不能输的式样、优势式样装备等类别的设计目标。而量产设计目标是产品宣传册上记录的一系列式样（关于差异化设计目标和量产设计目标的差别，交给第 3 章和第 4 章论述）。

第 3 步横跨两个组别，所以前一组为第 1 到第 3 步，后一组为第 3 步到第 8 步。前一组称为"先行开发"，后一组称为"量产设计"（图 2-8）。

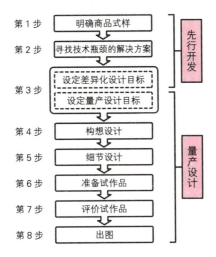

（资料来源：WORLDTECH）

图 2-8●设计阶段由"先行开发"和"量产设计"构成

Point▶ 设计阶段由"先行开发"和"量产设计"构成。先行开发负责明确商品式样，设定差异化设计目标，寻找技术瓶颈的解决方案，判断可否进展至量产设计。而量产设计为输出图纸，设定量产设计目标，实施构想设计和细节设计，准备以及评价试作品。

4.2 先行开发和量产设计需要彻底做好什么

如第 2 章第 3 节（p. 24）所述，我们需彻底做好设计阶段的工作。即分别**彻底做好**先行开发和量产设计的工作，力求先行开发和量产设计的成果都达到100%。

在先行开发中彻底做好什么

先行开发的工作是明确商品式样，设定战胜竞争对手的差异化目标，以及找到可以达成目标的技术瓶颈解决方案。达到此状态后，即可判断从先行开发转移至量产设计阶段。换言之，先行开发的成果物是"差异化设计目标"和能够解决**基盘技术**课题的"技术"。

因此，先行开发中需彻底做好两项工作。一项为"设定差异化设计目标"，另一项为"寻找**技术瓶颈**的解决方案"，这正是以技术定胜负的工作。关于两项工作的详细内容，将以"先行开发阶段的设计力"为题，在第3章进行论述。

在量产设计中彻底做好什么

量产设计是为出图而努力的工作。成果物是图纸。但是，如果图纸信息有误，将基于错误信息生产实物（产品）（请参考第2章第2节：p.17）。因此，做好量产设计，就是努力让"图纸信息没有错误"。但是，这样表达过于抽象，让我们再深挖一层，论述一下其深层意思吧。

量产设计进行构想设计、细节设计、准备试作品、评价试作品[*14]。目标是达成量产设计之初就定下的"**量产设计目标**"。

*14 近年来，通过引入模拟技术的系统开发手法——基于模型的开发（Model Based Development：MBD）、电子控制单元（ECU）的试验装置 HILS（Hardware in the Loop Simulator）等，减少了试作品制作次数和数量，缩短了开发周期。从广义上来说，这类应用也可称为试作品评价。

那么，什么是达成量产设计目标呢？在回答这个问题前，让我们先思考一下什么是**品质不良**。一提到品质不良，我们脑海中马上浮现的是破损、破裂、变形、松动等故障模式。一旦发生这些故障，会给客户带来麻烦，产生不满。客户感到不满是因为产品没有达到期待的功能、性能、美观等要求，因此客户满意度会下降。这就是品质不良。

所以，品质不良可以表述为"不满足量产设计目标"。再重复一遍，一旦发生破损、破裂、变形、松动等问题，将无法满足美观等设计目标，这对顾客而言，是个问题。

总结来说，"达成量产目标"，也就是不产生品质不良。不产生品质不良，意味着**工程内不良**为"0"，**客户方不良**为"0"，**市场抱怨**为"0"。

换言之，"彻底做好"量产设计，就是努力使起因于设计的工程内不良为零、客户方不良为零、市场抱怨为零。也可以表述为努力实现"生产 100 万个，但绝不出现 1 个不良"的工作[15]。

*15 实际上，能真正实现并维持工程内不良、客户方不良、市场抱怨全部为零的公司非常少。这意味着能够做出满足量产设计目标的图纸的公司很少。实际上，很多公司提交给后续工程的图纸都不满足量产设计目标，现实情况非常严峻。

> **Point▶** "彻底做好先行开发"指"设定差异化设计目标"和"寻找技术瓶颈的解决方案"。而"彻底做好量产设计"指实现起因于设计的工程内不良为零、客户方不良为零、市场抱怨为零。

5 先行开发确保"优势"，量产设计获得"信赖"

近年来，人工智能（AI）、IoT（Internet of Things）、第五代移动通信系统（5G）的发展突飞猛进。但是，无论制造业所处的环境如何变化，制造业的根本都是确保强于对手的"优势"，并持续获得客户的"信赖"。这是需要努力解决的普遍性课题。其中，"优势"依靠先行开发，"信赖"依靠量产设计。

5.1 先行开发确保强于竞争对手的"优势"

设计目标由品质（Q）、成本（C）、交期（D）构成。因此，比竞争对手有优势，就是保证三要素中有一个以上的要素强于竞争对手。

如果大家都有优势，是不会出现以压倒性优势战胜竞争对手的情况的。我们将以压倒性优势战胜其他公司的设计目标称为**绝对领先目标**。由于品质（Q）的定义涵盖功能、性能、可靠性、尺寸、美观等，所以在品质（Q）方面，可以用**绝对领先功能**和**绝对领先性能**等，表达以压倒性优势战胜其他公司的设计目标。而在成本（C）方面，以压倒性优势战胜其他公司的设计目标为**绝对领先成本**。

那么，何时寻找实现绝对领先性能和绝对领先成本的可行性方案呢？答案是，先行开发阶段。笔者在前文中介绍到，先行开发设定"差异化设计目标"，该目标就是绝对领先性能、绝对领先成本等目标。

定好绝对领先目标后，就要寻找技术瓶颈的解决方案了。若能实现，就能站上以绝对性优势战胜竞争对手的位置，就能确保强于其他公司的"优势"。所以，确保强于对手的"优势"是先行开发的工作。

5.2 量产设计获得客户的"信赖"

一旦被客户选择过，下一款车型也必须获得客户的青睐。持续被选择是十分重要的。为此，获得客户的**信赖**十分关键。

客户的信赖指让客户认为"如果是那家公司，我可以放心地把这款产品交给他们"。为此，即使产品订单量有 100 万个，我们也要保证不会产生任何 1 件不良。即使我们拥有人无我有的独特技术、价值斐然的知识专利，但如果客户觉得"不放心让这家公司生产"，客户就会考虑其他公司。

虽然先行开发确保了"优势"，但仅靠优势，并不能达到可以经受市场考验的水平。即使公司拥有特殊技术，客户也不会放心。只有通过量产设计，才能将其打磨成满足市场要求的水平。量产设计的目标就是没有市场抱怨。当然，还包括工程内不良为零、客户方不良为零。这才能让客户放心，才能被客户"信赖"。所以，获得客户的信赖是量产设计的工作（图 2-9）。

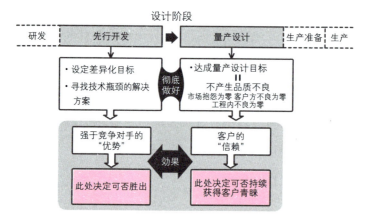

（资料来源：WORLDTECH）

图 2-9●先行开发确保"优势"，量产设计获得"信赖"

Point▶先行开发决定了强于竞争对手的"优势"，决定了能否胜出。而量产设计决定了能否获得客户的信赖，能否持续被客户青睐。

6 先行开发和量产设计相互促进

先行开发和量产设计互相促进,共同提升。先行开发突破尖端技术,量产设计将其打磨成可经受市场考验的水平,做好每一项都不容易。正因如此,如果能彻底做好这两项工作,公司将不断扩充和积累基础技术,实现更高水平的设计。

所以,先行开发和量产设计呈**螺旋式上升**(sprial up)的良性循环关系(图 2-10)。不断重复此螺旋上升的良性循环,可以拓展开发的视野和领域,例如从机械扩展到**机械电子**(mechatronics),以及半导体【Example 2】。

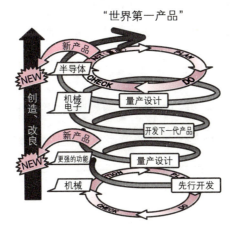

(资料来源:WORLDTECH)

图 2-10●先行开发和量产设计呈螺旋式上升的良性循环关系

Example 2 从机械式到全电子化的转变中，有一个例子是发动机点火时间控制（ESC）。从全机械式的第 1 代到第 4 代，电子化不断发展。第 1 代为全机械结构，打开发动机舱，可以看到点火线圈和一个叫作配电器（distributor）的金属铁块。到了第 2 代，部分零件变成电子化，负责输出高电压的机械触点变成了功率晶体管式（点火器：igniter）。

第 3 代中，点火时间的控制由机械控制（由调节器和真空控制器控制）进化成了计算机的高精控制。到了第 4 代，点火线圈直接与火花塞相连，仅存的机械结构——配电器也被取消了。此外，点火器（点火装置）采用半导体回路，与点火线圈实现一体化。就这样，大概用了 30 年的时间，全机械结构被全电子化代替。

随着时间的推移，10 年之后，原来的技术将变成**过去的遗物**。在陷入这种境况之前，我们要推动先行开发和量产设计的**螺旋式上升**的良性循环，获取带来技术革新的更高水平的**基盘技术**。

> **Point▶**先行开发和量产设计呈螺旋式上升的良性循环关系。彻底做好先行开发和量产设计，将带来基础技术的提升。

第 **3** 章

实现绝对领先目标的
先行开发工作

第 2 章中，笔者介绍了先行开发设定绝对领先目标，并为实现该目标，寻找技术瓶颈（仅靠现有基础技术无法解决的技术难题）的解决方案。通过先行开发，可以确保强于竞争对手的优势，提高被客户青睐的可能性，因此，我们要彻底做好先行开发的工作。在第 3 章，笔者将详细论述如何彻底做好**先行开发**。

何为绝对领先产品

在第 2 章第 2 节（p. 17）中，笔者介绍到产品的设计目标由**Q、C（成本）、D（开发周期/交期）**三要素构成。Q 指功能、性能、可靠性、尺寸、重量、美观等。

我们称以压倒性优势战胜其他公司的设计目标为**绝对领先目标**。相比竞争对手，立于优势之地，意味着必须打赢对手。为此，我们需要拥有绝对领先目标的产品。我们称有绝对领先目标的产品为**绝对领先产品**，其定义是"Q、C、D 中一项以上是绝对领先目标的产品"（图 3-1）。

为在竞争中生存下来，我们必须挑战绝对领先产品，实现绝对领先的 Q、C、D——"绝对领先目标"。

提到世界第一的产品，人们经常通过市场占有率和销量来形容。在移动通信设备方面，美国、中国和韩国的公司不断争夺着市场占有率的第一把交椅。在汽车领域，车企们合纵连横，集团销量第一的宝座不断更换。不言而喻，要成为全球最畅销的产品，必须持续获得客户的青睐。为此，产品必须拥有优势。

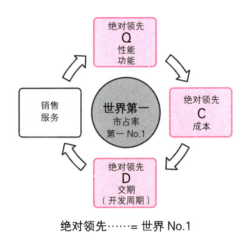

绝对领先……= 世界 No.1

（资料来源：WORLDTECH）

图 3-1●绝对领先产品指 Q、C、D 中一项以上是绝对领先的

但是，我们也清楚，客户并不会仅仅因为产品好就选择消费。企业的销售能力、公司历史以及品牌力也会产生影响。但是，本书论述的既不是销售能力，也不是历史和品牌力。笔者将聚焦在如何确保产品优势这一点，进行讨论。比竞争对手有优势的产品是**绝对领先产品**，才配得上**世界第一产品**的称号。

寻找绝对领先产品的解决方案的基本流程

如第 2 章所述，寻找绝对领先目标的解决方案是先行开发的工作，将产品打磨成可以经受市场考验的水平是量产设计的工作。图 3-2 展示了先行开发和量产设计的基本流程。

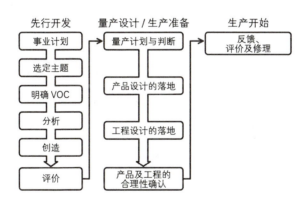

VOC：Voice of Customer（客户之声）

（资料来源：WORLDTECH）

图 3-2●先行开发和量产设计的基本流程

【1】 先行开发和量产设计的基本流程

先行开发和量产设计的基本流程如下。

（1）先行开发的基本流程

①R0，事业计划：职场课题的把握与今后的应对方针。例如，有新系统登场时，决定其目的是扩大现存产品的销量，还是通过开发新商品，提高销售额等方针。

②R1，选定主题：选定扩大销路的目标客户、新系统、新商品。

③R2，明确 VOC：明确客户之声（Voice of Customer），即明确商品式样。

④R3，分析/设定目标：结合商品式样，设定产品式样，即设定绝对领先目标。

⑤R4，想象：明确实现绝对领先目标的技术课题。

⑥R5，评价：从技术角度，验证能否实现绝对领先目标。

（2）量产设计的基本流程

①D1，量产计划与判断：决定具体产品式样，为满足式样要求，进行构想设计，综合考虑销售额与利润，判断能否转移至细节设计阶段。

②D2，产品设计的落地：实施细节设计，输出成果物——图纸。

③D3，工程设计与落地：基于图纸，设计并整备生产线。

④D4，产品及工程的合理性确认：在量产生产线上试做产品（量产试做），验证生产线的完成度与产品的制作水平。

⑤D5，反馈、评价及修理：如在量产试做中发现问题，需

将问题反馈至产品设计和工程设计，进行对策。如在量产开始之后发生品质不良，需进行修理。

其中，先行开发的基本流程可以大致分成三个阶段。

· R0~R1：挑战绝对领先，选定即将开发的系统和产品。

· R2~R3：设定绝对领先目标。

· R4~R5：寻找绝对领先目标的技术课题解决方案。

后文我们将按照如下说法，按顺序称呼先行开发的基本流程。

(1) 选定产品（R0~R1）

(2) 设定绝对领先目标（R2~R3）

(3) 寻找技术瓶颈的解决方案（R4~R5）

先行开发

选定产品	设定绝对领先目标	寻找技术瓶颈的解决方案	量产设计

（资料来源：WORLDTECH）

图 3-3 ● 先行开发的三阶段

【2】 先行开发的基本流程的课题

先行开发的基本流程（1）~（3）有必须跨越的课题。

(1) 选定产品的课题

了解上层系统，并将对系统的理解反馈到构成件（产品）中，是十分重要的。需明确以下内容，然后选定产品的方向。

· 在车载零件行业，需看清动力总成、车体等各领域的发展动向。

· 洞悉各种系统所使用的构成件的种类和发展动向。

· 洞悉构成件的市场规模。

· 明确对象范围，以全球所有公司为对象，还是限定在一些特定公司。在此基础上，判断适用范围，通用于所有系统，还是只适用于部分特定系统。

· 明确可否确保资源。

（2）设定绝对领先目标的课题

设定绝对领先目标时，需解决四个课题：目标项目的合理性，目标数值的合理性，是否符合系统的发展动向，是否符合发展时机。不解决以上四大课题，就设定不出绝对领先目标。详细内容请见第 3 章第 3 节（p. 45）。

（3）寻找技术瓶颈的解决方案的课题

实现绝对领先目标，依靠一个公司的现存基础技术，常常是无法实现的。实现绝对领先目标所必需的技术叫作瓶颈技术。寻找技术瓶颈的解决方案的课题在于计算极限目标数值、提取阻碍因素、构建突破阻碍因素的体制和组织。详细内容请见第 3 章 5.3（p. 115）。

综上所述，推进先行开发的基本流程，需解决很多课题。为此，需要很多机制与技术，以及有能力解决课题的人和组织。换言之，必须提高先行开发的设计力。

先行开发的设计力将在第 3 章第 4 节（p. 62）中具体展开

说明，在那之前，请先理解（2）绝对领先目标的设计课题。因为，在三大课题中，此课题尤为关键。（1）选定产品是为了找到绝对领先目标。（3）解决技术瓶颈是为了从技术上达成绝对领先目标。换言之，以上工作的目的都是实现绝对领先目标。

3 绝对领先目标的依据至关重要（绝对领先目标的四要件）

接下来介绍设定绝对领先目标的课题。绝对领先目标不是一时起意就定下来的，其**依据**至关重要。我们将此依据称为"要件"。理解绝对领先目标的要件，必须先理解要件的前提，即"真正的需求"和"绝对领先目标"的关系。

【1】真正的需求

设定绝对领先目标前，必须洞悉**真正的需求**。绝对领先目标不能是公司毫无根据地想象出来的，必须对客户有价值。

真正的需求可以表现为（1）喜悦感和（2）商品式样。

（1）喜悦感

喜悦感是客户的一种希望的心情表现。一般使用定性表现手法[1]。

*1　喜悦感有如下例子。

· 系统如果可以实现○○，使用起来会更加便利。

· 如果能△△，会更方便。

· 如果能□□，将增加空间，更易安装。

· 如果有◇◇，可以通过集成化，减少零件数量，进而减少系统的成本。

（2）商品式样

商品式样是喜悦感转换而来的技术式样。尽可能采用定量表现手法[*2]。因此，可以将<u>真正的需求表述为，洞悉客户的喜悦感之后，转换而成的商品式样</u>。

[*2] 商品式样有如下例子。

· 实现○○，使用起来更加便利。⇒增加□□功能。

· 通过△△，提升便利性。⇒将性能从 X 提升至 Y。

· 通过◇◇，增加空间，更易安装。⇒尺寸减少 A%。

· 通过□□，减少零件数量，进而减少系统的成本。⇒将耐久性能提升至 B 倍。

【2】绝对领先目标

绝对领先目标是充分考虑新的真正的需求之后的目标。是综合考虑商品式样的安全系数和余量、使用条件等，定量化表述的式样[*3]。换言之，<u>绝对领先目标是结合新的真正的需求，转换成的开发设计所需要的产品式样</u>。

[*3] 绝对领先目标有如下例子。

· 增加□□功能。⇒实现△△式样的功能

· 将性能从 X 提升至 Y。⇒性能从 Y 提升至 Y′。出于对余量和安全系数的考虑

· 尺寸减少 A%。⇒具体表现为高○×长△×宽□mm

·将耐久性能提升至 B 倍。⇒时间提升至 Z 倍，且为保证安全系数，将耐受环境温度增加至+α℃。

这就是新的真正的需求与绝对领先目标的关系（图 3-4）。其关键是，<u>绝对领先目标是满足新的真正的需求的数值</u>。在此基础上，让我们来谈谈绝对领先目标的依据，即绝对领先目标的要件。

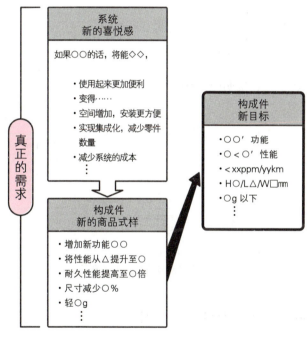

（资料来源：WORLDTECH）

图 3-4●真正的需求与构成件的目标

绝对领先目标的四要件

笔者在前文中介绍到，绝对领先目标必须满足真正的需求。因此，证明能满足真正需求的依据十分重要。而其依据就是接下来要介绍的**绝对领先目标的四要件**。

第 1 要件：目标项目的合理性。

第 2 要件：目标数值的合理性。

第 3 要件：是否符合系统的发展动向。

第 4 要件：是否符合发展时机（未雨绸缪）。

按顺序展开说明吧（图 3-5）。

绝对领先目标的四要件	
第 1 要件	目标项目的合理性
第 2 要件	目标数值的合理性
第 3 要件	是否符合系统的发展动向
第 4 要件	是否符合发展时机

（资料来源：WORLDTECH）

图 3-5 ● 绝对领先目标的四要件

①第 1 要件：目标项目的合理性

绝对领先的目标项目必须有证明其能满足真正需求的依据，必须有充分说明"为实现绝对领先，该目标项目是合理的"的理由。

（i）缩小目标项目的范围

绝对领先的目标项目是商品的优点（卖点）。决定了目标项目，就决定了卖点。但是，把所有项目（产品式样）都选作绝对领先目标是不现实的，因此应聚焦到能制胜的项目^{*4}，而其依据就是真正的需求。

*4 仅 Q（Quality）就由功能、性能、可靠性、尺寸、重量、美观、易安装性等众多因素构成。此外还有 C（Cost：成本）和 D（Delivery：开发周期/交期）等项目。把所有项目都选作绝对领先目标是不现实的。

（ii）挖掘真正需求的方法

目标项目的依据是真正的需求。洞悉真正的需求，从中做出选择。这就是寻找合理的目标项目。其方法有二：（1）调查上层系统；（2）从其他公司的产品信息中洞悉真正的需求。

（1）调查上层系统

提到洞悉需求，也许大家马上会想到直接问客户。但是，往往很难得到期待的答案。客户有时会满足于现在的产品性能，意识不到自己真正的需求。并且，即使客户说出想要某种性能，可能他也会告诉其他竞争公司。很难只让自己知道，做到人无我有。

那么，应该怎么办呢？答案是，虽然自己是**零件技术人员**，但要作为**系统技术人员**开展工作。简单来说，比如，自己只是零件或材料生产商的技术人员，但要站在整车等终端产品的开发角度，进行工作。我们必须站在客户的角度，洞悉真正的需求（图3-6）。

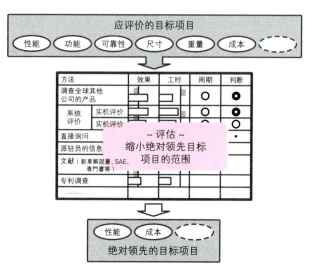

（资料来源：WORLDTECH）

图3-6●第1要件：目标项目的合理性（缩小绝对领先目标项目的范围）

因此，我们要从系统技术人员的角度进行调查，挖掘出真正的需求。作为系统技术人员实施调查时，有以下调查方法[*5]。

[*5] 比如，跟整车相比，发动机便宜得多。汽车调查结果会显示，买二手车不会有太多金钱负担。阅读新车解说书和修理书等专业书籍，也可以有所发现。调查专利趋势也是有效方法之一。如果可以的话，笔者建议直接询问上层系统的责任部门和客户。向前迈出一步，会发现更多。

· 调查上层实物系统（实机、实物）。

· 从上层系统公司的派驻员处获取信息。

· 调查文献［新车解说书、美国汽车工程师学会（SAE）的文献、日本汽车工程师学会文献、专业书籍］

· 调查专利

作为系统技术人员进行工作的话，就会获得"此项性能应该是客户真正需要的""虽然这项功能是客户真正的需求，但还没实现【Example 1】""做小做轻，对系统更有利""简化此功能，应该可以降成本"等发现。

Example 1 接下来介绍一个当初还未出现的、被顾客真正需要的功能的开发案例。这是自动雨刮系统的雨量传感器的故事（请参考第 2 章）。在自动雨刮系统中，传感器检测附着在前挡风玻璃上雨滴的状态，内藏的微型电子计算机决定符合当前雨势的雨刮速度。车身的电子控制单元（ECU）接收传感器的信号，驱动雨刮。20 世纪 90 年代后期，此系统首次在日本国内搭载，最开始是选装，约两年后决定变成标配。为提高标配系统的性能，削减成本，我们开始开发下一代产品。

在这次开发中，全球首次搭载了"自动启动功能"。有时候上车后，虽然雨已停，但前挡风玻璃上会残留雨滴。此时，顾客启动车辆（打开点火开关），雨刮会自动擦拭前挡风玻璃，以保证视野，这就是自动启动功能。之前需要手动操作的雨刮系统，自此实现了电动化。当时，德国博世（Bosch）等几家公司已经推出了自动雨刮系统传感器，但并没有自动启动功能。即市场有此功能的需求，但在当时并未实现。我们洞悉了这一事实，将自动启动功能设定为开发目标，并成功实现。

（2）从其他公司的产品信息中洞悉真正的需求

通过**调查其他公司的产品**，可以洞悉真正需求的候选目标项目。这种做法的前提是，全球所有竞争公司的产品概念（式样实力）没有差异。式样实力没有差异指功能、性能、尺寸、可靠性、成本等相差不大。

从其他公司的产品信息中洞悉真正的需求，有如下方法。

①全球对标

通过全球对标，找到无差异式样。全球对标指获取全球竞争公司的产品，详细检查产品性能和结构，测算成本。

②推测管理原因

推测导致式样无差异的**管理原因**。管理原因指工作方式问题的真正原因。洞悉管理原因，5why 分析十分有效。

③缩小绝对领先目标的候选项目的范围

如能解决管理原因，与其他公司逆向对抗，将形成可凌驾于对手的**开发方针**。如果公司判断自己可以开发出式样 A，式样 A 将成为绝对领先目标的候选项目【Example 2】。

Example 2 这是笔者挑战开发战绝对领先产品的一段经历。我们在全球范围内实施对标活动，发现多家公司相互抗衡，不分伯仲，即并不存在所谓的"绝对领先企业"。然后，我们收集了全球主要竞争对手的产品，详细调查产品性能、尺寸以及成本，并进行比较分析。结果发现，无论哪家公司的产品，性能和成本等都相差不大，并没有形成差异化。

针对没有形成差异化的原因，我们分析了工作方式的原因，即"管理原因"。在此基础上聚焦到了绝对领先的目标项目。分析管理原因时，我们使用了 5why 分析法。

问题设为"无绝对领先企业"，根据对标分析的结果，将第 1 原因定为"无性能差异，无成本差异"。然后，我们在考察第 2 原因和第 3 原因时，找到了管理原因。管理原因是"没有考虑上层系统"，"没有大胆的技术设想"。我们从管理原因逆向思考，制定了开发方针。其内容是"从系统整体出发，掌握真正的需求，实现绝对领先性能"，以及"通过大胆设想，寻找差异化技术，实现降成本"。通过调查其他公司的产品，我们将绝对领先目标的候选项目聚焦到绝对领先性能和绝对领先成本。

②第 2 要件：目标数值的合理性

选好绝对领先的目标项目后，就要决定目标数值了。在绝对领先目标中，绝对领先性能的目标数值必须满足三个条件。

（i）目标数值必须满足系统真正的需求

目标项目是极有可能满足真正需求的项目。针对聚焦到的目标项目，必须找到目标数值。其数值是能够满足真正需求的水平。不是"只能达到这个水平，所以目标就定在这个水平吧"，而是以真正的需求为导向，设定目标数值【Example 3】。

Example 3 从式样的角度，功能也是目标数值。在第 2 章介绍的雨量传感器的开发案例中，我们也讨论过增加前挡风玻璃的泥水检测功能。雨量传感器搭载在前挡风玻璃上，泥水检测功能属于雨量传感器的基础技术的扩展功能。当时，我们判断增加此功能可以为客户带来喜悦感（真正的需求）。同时，雨量传感器的功能可以提升两个台阶。然而，由于正好碰上了摄像头等前方视觉辨认技术的飞速发展时期，此功能提升计划没能得以实现。如果当初实现了，也许产品会成为拥有绝对领先目标的产品。

(ii) 目标数值必须是竞争对手无法轻易实现的

符合真正需求的目标数值是高于现状的数值。将目标数值设在当下存在技术瓶颈，且竞争对手无法马上突破的水平至关重要。当然，自己必须可以实现【Example 4】。

Example 4 这与［Example 2］是同一个案例。我们将性能定为绝对领先目标后，站在系统技术人员的角度，调查上层系统，深入挖掘绝对领先的目标数值。我们调查了上层实机系统，并从派驻员处收集信息，还调查了新车解说书等资料和相关专利。结果显示，如果将性能提升数倍，将可以实现零件集成化和安装简易化，进而降低系统的成本。当然，通过全球对标活动，我们判断这一目标数值是其他公司无法轻易达到的水平。

(iii) 目标数值不能先入为主

实际上，也存在真正需求挖掘不到位，将非真正需求作为真正需求进行开发的情况。这样的产品是无法成为绝对领先产品的。因此，目标数值绝不可以是先入为主的数值。

我们通过图 3-7 展示上述内容。

Example 5 这是限定雨量传感器的功能，开发廉价版本的故事。在我们的产品量产不久之后，客户公司的设计负责人就联系我

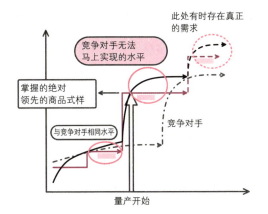

（资料来源：WORLDTECH）

图3-7●第2要件：目标数值的合理性

们，"海外 K 公司给我们提案了便宜○％的产品。如果你们不变的话，我们会交给 K 公司"。毫无疑问，听了客户的话之后，我们马上开始研发能够打败 K 公司的廉价版本。也就是说，我们最初的目标是个先入为主的数值水平。

绝对领先成本需持有不同视角

但是，在绝对领先目标中，**绝对领先成本**并不适用于以上三个条件。绝对领先成本应该是合理的。

对客户来说，没什么比成本低更具诱惑力的了。但是，作为生产方，必须设定合理的成本，即有合理依据的成本。其根据之一就是**成本曲线**（Cost Curve）。基于成本曲线，找到几年后可以在全球竞争中取胜的绝对领先目标数值（请参考第 3 章5.2：p.106）。而且重要的是，并不是在几年后，而是在量产开始之时，就实现<u>绝对领先</u>的成本水平。因此，绝对领先目标的数值水平必须合理。

③第 3 要件：是否符合系统的发展动向

合理的绝对领先目标，必须符合客户的上层系统的发展动向[*6]。即使设定了绝对领先目标，但如果目标内容没有未来发展的可能性，那目标本身将失去价值，变成"自以为是"的毫无意义的东西。因此，我们要牢牢把握上层系统的发展动向，设定**符合系统的发展动向**的目标［Example 6］。

[*6] 让我们从发展路径图（road map）的角度进行观察。发展路径图展示了系统、产品、构成技术等内容的未来蓝图，可以成为引导公司事业向未来蓝图靠近的对话工具。基于此，开发系统所需的产品和构成技术。这就是造物行业的上层方向引领下层开发，即市场牵引（market pull）（图 3-A）。

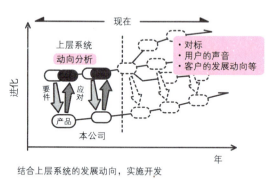

结合上层系统的发展动向，实施开发

（资料来源：WORLDTECH）

图 3-A●市场牵引（market pull）

因此，企业必须把握上层系统的发展动向，设定符合发展趋势的目标。

Example 6 此前，客户的上层系统有"廉价""标准""高性能"三种版本。基于客户的这一实际情况，描绘出公司的发展路径图。规划的发展路径分别处于三种系统版本的延长线上，即向廉价系统提供廉价产品，向标准系统提供标准产品，向高性能系统提供高性能产品。也许大家会认为这是合理的发展路径图。但是，我们不能断言此路径图充分考虑了上层系统的发展动向。

例如，客户可能已决定在5年后取消廉价系统。如果我们抓取到这一信息，发展路径图就会改变，产品的开发工作也会随之改变。对应廉价系统的开发工作需控制在最小规模。或中止开发，虽然可能出现暂时不赢利的情况，但也要考虑向廉价系统提供标准产品的方法。还有以下这种可能性：标准系统的市场不断扩大，标准产品的产量飞跃性增长，规模效应使标准产品产生成本优势。因此，标准产品可能会覆盖廉价系统。

综上所述，我们应全面考虑各种方法，设定目标。总之，靠廉价系统的产品取胜，这种目标设定方法将不复存在（图3-B）。

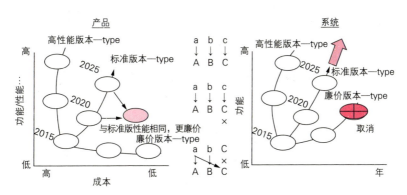

（资料来源：WORLDTECH）

图3-B●第3要件：是否符合系统的发展动向

如果知道廉价系统即将取消，就集中开发标准版本的产品，覆盖廉价系统。

信息收集是设计者的工作

明确目标是否符合系统的发展动向，需对上层系统进行**信息收集**。努力跟客户获取信息吧。客户的信息是等不来的。那么，谁要动起来呢？也许是销售岗，也许是深谙技术的销售技术岗。但最关键的是，设计者要积极收集信息。设计者直接与客户公司的设计部门联系，换言之，设计者站在信息收集的最前线。因此，设计者必须认识到信息收集的重要性。

"这里是设计部门，请记得工作的一半是销售！"这是笔者刚进公司时，所属设计部门的技术部长的训示之言。信息收集的心态十分关键。这部分内容相当于第4章量产设计的设计力要素之一"人与组织"中的"与客户技术谈判的能力"。提高技术谈判能力，需要面对客户布置的作业（课题），准备报告。当然，还要遵守交期。并且，面对客户，清晰易懂地进行汇报。如能耿直地重复以上基本做法，将不断加深客户公司的技术人员的信赖，进而提高日常会议的质量，深入理解客户的工作，开发出更加符合系统发展动向的产品。

绝对领先目标必须符合系统的发展动向。为此，请铭记收集客户信息十分重要。再重复一遍，设计者要站在信息收集的最前线。

④第 4 要件：是否符合发展时机

目标的设定时机非常重要。没有可以持续增长的产品。例如，在第 1 代产品增长时，投入第 2 代。如此，即使第 1 代销售额开始下滑，也可以通过第 2 代覆盖。这样就可以防止整体下滑，并进一步提升销售额。我们称此为**未雨绸缪**（图 3-8）。

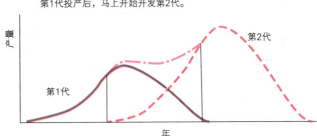

避免出现产量（销量）波谷，
第 1 代投产后，马上开始开发第 2 代。

（资料来源：WORLDTECH）

图 3-8●第 4 要件：未雨绸缪

市场在不断变革，产品销售额下滑后才开始研发，就会一步慢，步步慢。因为研发是需要时间的。必须在销售额下滑之前，设定目标，实施研发，投入新产品。因此，新产品的目标设定时机十分关键。这就是判断是**否符合发展时机**的要件【Example 7】。

Example 7 即使现在是革命性的新产品，但随着竞品的更替，市场的发展，以及技术的进步，10 年后也会变成**过去的遗物**。在陷入到这种境况之前，我们要从中长期视角出发，审视自己的产品，设定新目标，着手开发促进瓶颈技术更迭的产品。

其中一个代表性案例就是，从第 1 代进化到第 4 代的发动机点火时间控制（ESC）。第1代为全机械结构，打开发动机舱，可以看到点火线圈和一个叫作配电器的金属铁块。到了第2代，部分零件变成电子化，负责输出高电压的机械触点变成了功率晶体管式（点火器）。

在第3代中，点火时间由机械控制（由调节器和真空控制器控制）进化成计算机的高精控制。到了第4代，仅存的机械结构——配电器也被取消了。因为点火线圈与火花塞直接连接，配电器结束了自己的使命。

就这样，大概经过了30年的时间，发动机的点火时间控制就由全机械式变成全电子化，警示着我们要及时设定目标，未雨绸缪。

Point▶绝对领先目标的四要件的小节

绝对领先目标必须洞悉并满足新的真正的需求。此外，不满足以下四个要件，就无法设定出绝对领先目标（图3-9）

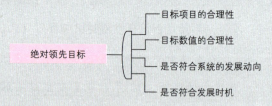

（资料来源：WORLDTECH）

图3-9●绝对领先目标需满足全部四个要件

第 1 要件：目标项目的合理性

从功能、性能、可靠性、尺寸、重量、美观、易安装性、成本等众多评价项目中，有依据地缩小绝对领先的目标项目范围。

缩小目标项目范围的方法有如下两种。

（1）调查上层系统，挖掘真正的需求。

（2）调查其他公司的产品，洞悉可能成为真正需求的项目。

第 2 要件：目标数值的合理性

目标数值应满足系统真正的需求。此外，目标数值应是竞争公司无法马上实现的水平。请再一次审视目标数值能否满足真正的需求。但是，绝对领先成本需拥有不同视角。

第 3 要件：是否符合系统的发展动向

避免先入为主，应牢牢把握上层系统的发展动向。灵活利用发展路径图也很重要。勿忘设计者应站在信息收集的最前线。

第 4 要件：是否符合发展时机

现有产品的增长期正是下一代产品的目标设定之时，应做好未雨绸缪。

4 先行开发的七个设计力要素

前文介绍了绝对领先目标的理想状态，即绝对领先目标的四要件。接下来，笔者将论述洞悉绝对领先目标之后，跨越技术难题所必需的**先行开发的设计力**。

4.1 先行开发的设计力的前提条件

设计力指"彻底做好"向制造阶段传递客户需求的工作的力量（请参考第 2 章）。但是，先行开发和量产设计的设计力并不相同。先行开发需要彻底设定好绝对领先目标，并为实现该目标，彻底找到技术解决方案。因此，先行开发的设计力不可或缺。

量产设计是彻底"达成'120%'的品质"，其力量就是量产设计的设计力。关于这部分内容，交给第 4 章进行具体论述。本节将围绕先行开发的设计力进行说明。

先行开发的设计力指输出优秀的目标和技术结果的力量。在详细论述设计力之前，笔者首先介绍一下利于输出优秀成果的工作流程。其流程需具备以下内容。

首先，"应达成的目标要明确"。其次，有实现目标的"工作步骤"。最后,具备按照工作步骤开展工作的"良好的工作环境"。目标明确,有工作步骤,具备良好的工作环境,那么自然就可以期待一个好结果。

但是,其结果并非一定正确无误。因此,需要有判断正确与否的"判断标准"。但即使有了判断标准,也并不一定马上就能判断出"√"或"×",有时会难以抉择。这时就需要有"研讨/讨论"的场合,然后进行"审议/裁决"。

总结来说,输出优秀成果的工作流程是,"明确的目标","成熟的工作步骤","良好的工作环境","判断标准","研讨/讨论和审议/裁决"。这是获得优秀成果的普遍性**前提条件**。图 3-10 将其展示为"V"字模型。

将**V 字模型**匹配到先行开发中的话,首先,不言而喻,明确的目标就是实现绝对领先目标。工作步骤指实现绝对领先目标的开发流程。良好的工作环境指技术知识和诀窍(know-how)、用于模拟的 CAE 和 3D-CAD 等开发工具(各种工具),以及不可或缺的人和组织。判断标准指绝对领先目标的四要件、各种设计标准、基于前辈和上司的工作经验的判断资料等。而研讨/讨论和审议/裁决指召开于工作节点的开发促进会和各构成工作的开发研讨会等。

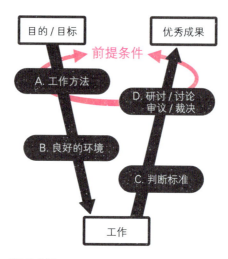

（资料来源：WORLDTECH）

图3-10●获得优秀成果的前提条件

涵盖前提条件的先行开发的设计力

先行开发的设计力由以下七要素（**七个设计力要素**）构成。

①先行开发的流程

②技术知识和诀窍（know-how）

③各种工具

④人与组织

⑤判断标准

⑥研讨/讨论和审议/裁决

⑦风土/土壤

在①~⑥设计力要素的基础上，更加重要的是，可以一丝不苟地开展先行开发工作的职场风土和土壤。即使具备前六个要素，如果不能一丝不苟、全力以赴的话，也无法获得好结果。这就是第 7 个设计力要素。

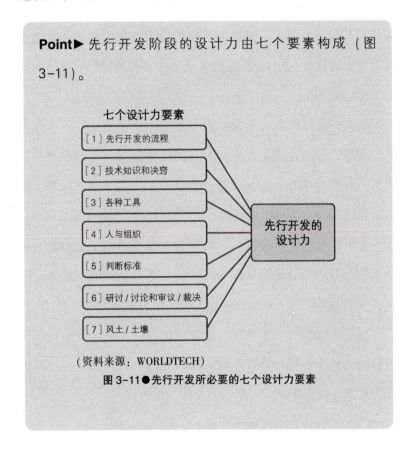

Point▶ 先行开发阶段的设计力由七个要素构成（图3-11）。

七个设计力要素

[1] 先行开发的流程

[2] 技术知识和决窍

[3] 各种工具

[4] 人与组织

[5] 判断标准

[6] 研讨 / 讨论和审议 / 裁决

[7] 风土 / 土壤

先行开发的设计力

（资料来源：WORLDTECH）

图 3-11●先行开发所必要的七个设计力要素

4.2 先行开发的七个设计力要素

接下来，让我们按顺序介绍一下先行开发的七个设计力要素。

【1】先行开发的流程（第1个设计力要素）

在先行开发的七个设计力要素中，第1个就是**先行开发的流程**。笔者在前文介绍了绝对领先目标的四要件（目标项目的合理性、目标数值的合理性、是否符合系统的发展动向、是否符合发展时机）。先行开发是洞悉满足四要件的目标，并寻找实现方案的工作。

因此，先行开发必须有一套与其工作使命相匹配的工作方法。为此，必须首先确定先行开发的工作步骤。我们要结合开发新产品的基本方针、开发产品的选择、产品开发方针等，设定满足四要件的绝对领先目标，绝不是仅仅定个数值那么简单。

定下绝对领先目标之后，就要努力实现目标了。但是，由于目标很高，并不是随意想到的一套工作办法就能实现的。因此，为彻底做好接下来的一系列工作，必须确定工作步骤。

确定了成熟的工作步骤，并加以执行，才可以将绝对领先目标的达成技术移交给量产设计。因此，先行开发阶段的流程十分重要。接下来详细介绍一下先行开发的流程。

（1）先行开发的流程是什么？

先行开发的大致流程（基本流程）是"选定产品"，"设定绝对领先目标"，"寻找技术瓶颈的解决方案"（请参考第3章第2节：p.41）。基于此，图3-12展示了先行开发的全部流程。共计由近40个步骤（项目）构成。大致可分成第1组、第2

组、第3组三个阶段。

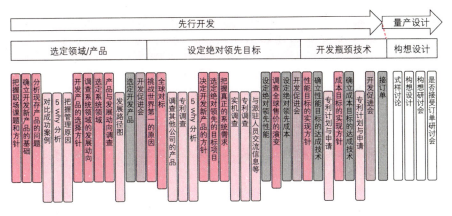

（资料来源：WORLDTECH）

图3-12●先行开发的流程

①第1组（图3-13）

第1组是先行开发流程的骨骼步骤。即，选定产品，设定绝对领先目标，以及寻找技术瓶颈的解决方案。没有这三个步骤，就无法输出先行开发的成果。因此，这是不可或缺的工作步骤，必须执行。具体如下。

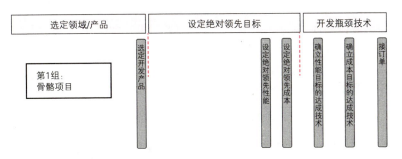

（资料来源：WORLDTECH）

图3-13●第1组：基本流程

· **选定开发产品**：面对世界第一产品的目标，选定要开发的产品。

· **设定绝对领先性能**：为成为世界第一产品，设定性能目标。

· **设定绝对领先成本**：为成为世界第一产品，设定成本目标。

· **确立性能目标的达成技术**：确立实现绝对领先性能的技术方案。

· **确立成本目标的达成技术**：确立实现绝对领先成本的技术方案。

· **接订单**：向客户推销先行开发的产品。

设定绝对领先目标和寻找技术瓶颈解决方案的基本流程

第1组是先行开发实现成果输出的**基本流程**。选择要开发的产品，设定绝对领先目标，并找到技术瓶颈解决方案之后，就可以转移至量产设计了。但是，会心存不安。不放心产品的选择依据是否足够充分、是否满足了绝对领先目标的四要件、技术瓶颈解决方案是否周密。解决以上不安就是第2组和第3组的工作。

②**第2组**（图3-14）

第2组是保证第1组工作内容合理性的步骤。确认不可或缺的第1组工作步骤是否全部实施，并提升第1组的工作质量。换言之，第2组的功能是提高第1组的水平和质量。第2组由如

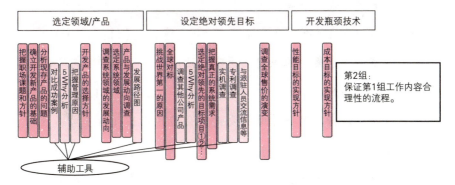

（资料来源：WORLDTECH）

图 3-14●第 2 组：辅助流程/辅助工具

下多种方法构成。

• **把握职场课题和方针**(请参考第 3 章 5.1【1】：p. 99)

• **确立开发新产品的基础**：保证开发体制和人手，筹措研发费用（请参考第 3 章 5.1【2】：p. 99）。

• **分析现存产品的问题**：从以往的开发工作中，查找问题（请参考第 3 章 5.1【3】：p. 101）。

• **开发产品的选择方针**：决定要新开发的产品的选择方针（请参考第 3 章 5.1【3】：p. 100）。

• **调查系统领域的发展动向**：为选定产品，需把握上层系统（一级零件生产商调查整车厂的产品，二级零件生产商调查一级零件生产商的产品）领域的发展动向。

• **选定系统领域**：选择对本公司或本行业来说，有发展机会的系统领域。(请参考第 3 章 5.1【4】：p. 103）。

· **产品与发展动向调查**：在掌握了选定系统的发展动向之后，选择有发展机会的产品（请参考第 3 章 5.1【4】：p. 105）。

· **挑战世界第一的原因**：向研发设计全员分享设定绝对领先开发目标的原因。

· **全球对标**：调查全球主要竞争公司的产品（请参考第 3 章 5.2：p. 106）。

· **所选产品的开发方针**：基于全球对标的结果，决定世界第一产品的开发方针（请参考第 3 章 5.2：p. 106）。

· **选定绝对领先的目标项目**：保证绝对领先目标项目的合理性（请参考第 3 章 5.2【1】：p. 106）。

· **把握真正的系统需求**：保证绝对领先目标数值的合理性（请参考第 3 章 5.2【2】：p. 109）。

· **调查全球售价的演变**：为设定绝对领先的成本目标，描绘成本曲线（请参考第 3 章 5.2【2】：p. 114）。

· **性能目标的实现方针**：为实现绝对领先的性能，确定解决技术瓶颈的方针（请参考第 3 章 5.3【1】：p. 115）。

· **成本目标的实现方针**：为实现绝对领先的成本，确定解决技术瓶颈的方针（请参考第 3 章 5.3【2】：p. 119）。

支撑第 2 组的工作手法

上述各步骤中包含着各种各样的问题解决手法，这也是第 2 组工作的特点。有（1）分析现存品的问题的方法；（2）调查产品的发展动向并选定产品的手法；（3）把握真正的系统需求的手法。

（1）**分析现存品的问题**时使用的工作手法

·**对比成功案例**：与高销量、高利润的成功产品进行对比，找出本部门产品的问题。(请参考第3章5.1.【3】：p.100)。

·**5why分析法**：针对与成功案例对比分析得出的问题点，深入挖掘其原因（请参考第3章5.2.【1】：p.106)。

·**把握管理原因**：通过5why分析法，明确管理原因（请参考第3章5.1.【1】：p.99)。

（2）**调查产品的发展动向**和选定产品时使用的工作手法

·**发展路径图**：描绘系统的发展路径图，应用到选择开发产品的工作中。

·**调查其他公司的产品**：调查全球其他主要竞争公司的产品，应用到设定绝对领先目标的工作中。

·**5why分析法**：针对调查发现的其他公司的产品弱点，推测其管理上的原因。

（3）把握真正的系统需求时使用的工作手法

·**实机调查**：站在系统技术人员的角度，调查选定产品的实物上层系统。

·**专利调查**：站在系统技术人员的角度，调查上层系统的专利。

·**与派驻人员交流信息**：定期与上层系统开发公司的设计人员交流信息。

提高第1组工作质量的辅助流程

第1组的工作结果必须有可靠的支撑依据，而第2组就是"明确依据的工作"。明确开发产品的选择方针，遵循方针缩小领域，选定产品。然后，结合真正的需求，决定绝对领先的目标项目和目标数值。接着，确定达成目标的技术瓶颈突破方针，寻找技术解决方案。

这些工作会灵活应用各种**辅助工具**，例如，通过成功案例对比分析以及5why分析法，找到管理原因，通过发展路径图，缩小开发产品的选择范围，通过调查其他公司的产品，设定绝对领先的目标项目等。换言之，第2组是应用辅助工具的**辅助流程**。

③**第3组**(图3-15)

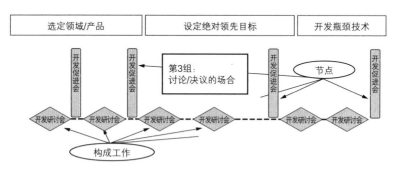

（资料来源：WORLDTECH）

图3-15●第3组：讨论/决议第1、2组的工作结果

第3组是针对第1、2组的工作，**进行研讨/讨论和审议/裁**

决的步骤。在先行开发流程的大型节点和具体工作的小型节点，展开研讨/讨论和审议/裁决。即组合实施（1）开发促进会和（2）开发研讨会（开发会议）等大小讨论会和决议会。通过这些工作，可以规避开发设计过程中的大型返工风险。

（1）**开发促进会**（请参考第 3 章 4.2.【6】：p.87）

开发促进会的召开时间如下。

· 选定开发产品的节点（从选定产品阶段转移至目标设定阶段）

· 设定绝对领先目标的节点（从目标设定阶段转移至寻找技术解决方案的阶段）

· 瓶颈技术的节点（从寻找技术瓶颈解决方案阶段转移至向客户提案的阶段）

（2）**开发研讨会**（请参考第 3 章 4.2.【6】：p.94）

开发研讨会的会议内容如下。

· 现存问题的分析

· 开发产品的选择方针

· 领域的选择

· 绝对领先目标项目的设定

· 绝对领先目标的实现方针

先行开发的流程和概要如表 3-1 所示。

研讨/讨论和审议/裁决第1、2组工作的管理流程

先行开发必须在各流程节点进行研讨/讨论和审议/裁决。先行开发进行到最后，绝不可以出现对产品选择不确定、重新修改绝对领先目标的情况。否则，此前投入的经营资源将付诸东流，损失的时间无法挽回，对公司来说将是巨大的损失。

正是为了预防此类返工，才需要在各**大型节点**和**小型工作节点**设定研讨/讨论以及审议/裁决的会议。大型节点指选定开发产品、设定绝对领先目标、寻找技术解决方案的时间节点。而小型工作节点指确定开发产品的选择方针、选择领域、选择绝对领先的目标项目、确立绝对领先目标的实现方针等时间节点。

综上所述，第3组是实施研讨/讨论和审议/裁决的"管理流程"。

表 3-1 ● 先行开发流程和概要

（资料来源：WORLDTECH）

分类	步骤	内容
基本流程	选定开发产品	选定绝对领先产品。
	设定绝对领先目标	确定绝对领先目标的达成目标值。
	寻找技术解决方案	确立绝对领先目标的达成技术。

（续表）

分类	步骤	内容
辅助流程／辅助工具	把握职场课题和方针	明确公司环境，决定开发新产品。
	确立开发新产品的基础	筹措研发人手和费用，保证开发体制。
	分析现存产品的问题	回顾以往的开发情况，筛出工作方式的问题。
	开发产品的选择方针	确定全新开发的产品"选择方针"。
	系统领域的发展动向调查	为选定产品，收集上层系统领域的发展动向。
	选定系统领域	结合未来发展动向，选定系统的领域。
	调查产品的发展动向	调查所选系统的控制系统的发展动向，明确该系统所用产品的发展动向。
	分享绝对领先目标的设定原因	向成员共享设定高水平目标的原因。
	全球对标	了解全球其他主要竞争公司的产品。
	绝对领先产品的开发方针	决定实现绝对领先产品的"开发方针"。
	选定绝对领先的目标项目	保证绝对领先的目标项目的合理性。
	把握真正的系统需求	保证绝对领先的目标数值的合理性。
	调查全球售价的演变	为设定绝对领先的成本目标，描绘成本曲线。

分类	步骤	内容
	性能目标的实现方针	为实现性能目标，决定解决技术瓶颈的"应对方针"。
	成本目标的"实现方针"	为实现成本目标，决定解决技术瓶颈的应对方针。
	对比成功案例	与（公司内部）销量、收益较高的产品进行对比，找到本部门现存产品的问题点。
	5why 分析法	针对与成功案例对比分析得出的问题点，深入挖掘其真正原因。
	把握管理原因	从 5why 分析的结果出发，明确管理上的原因。
	发展路径图	描绘所选系统的发展路径图，应用到选择开发产品的工作中。
	调查其他公司产品	详细调查全球其他主要竞争公司的产品，找到绝对领先目标的切入口。
	5why 分析法	针对调查发现的其他公司的产品弱点，推测其管理原因
	实机调查	站在系统技术人员的角度，调查选定产品的实物上层系统。
	专利调查	站在系统技术人员的角度，学习上层系统的技术要点。
	与派驻人员交流信息	定期召开信息交流会，挖掘真正的需求。

（续表）

分类		步骤	内容
管理流程	节点	开发产品的选择节点的开发促进会	讨论、决议是否从产品选择阶段转移至目标设定阶段。
		绝对领先目标的设定节点的开发促进会	讨论、决议是否从目标设定阶段转移至寻找技术解决方案的阶段。
		瓶颈技术节点的开发促进会	讨论、决议是否从寻找技术瓶颈的解决方案阶段转移至向顾客提案的阶段。
	基础工作	现存问题的分析	回顾之前的开发工作，明确问题点。
		开发产品的选择方针	讨论开发产品的选择思路和方针。
		选定领域	讨论选择某系统领域的依据。
		绝对领先目标项目的设定	讨论绝对领先式样的依据。
		绝对领先目标的实现方针	讨论、提取并突破阻碍因素的方针。
		……	

注意点是"定方针"

丰富先行开发的流程，必须充实第 2 组和第 3 组的内容。形式化工作是不行的 [7]。工作有内容、有质量，才能向市场推出真正的绝对领先产品（图 3-16）。

[7]　尤其容易陷入形式化的工作就是定方针。有三次决定方针的时期，分别是第 2 组的"选择方针""开发方针""应对方针"。即，决定新产品的选择方针，将打造绝对领先产品的开发方针，以及技术瓶颈的应对方针。在定方针的工作中，首先应耐心收集信息。信息积累始于足下。然后通过 5why 分析等手法，忠于本心地讨论收集到的信息。收集和分析信息，应不吝惜时间，全力以赴。因为，方针决定了后续工作，恰当的方针可以保证后续工作的合理性。

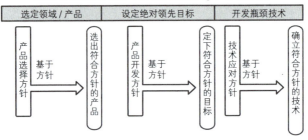

（资料来源：WORLDTECH）

图 3-16●定方针支配着后续工作

（2）理解构成先行开发的三组流程

我们可以通过图 3-17 理解先行开发的三组流程（基本流程、辅助流程、管理流程）。**基本流程**位于 X 轴，**辅助流程**位于 Y 轴，**管理流程**位于 Z 轴。近 40 个先行开发的步骤全部可以通过此图展示出来。

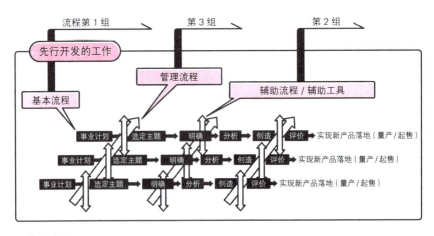

（资料来源：WORLDTECH）

图 3-17●基本流程、辅助流程、管理流程

【2】技术知识和诀窍（第2个设计力要素）

在先行开发的七个设计力要素中，第 2 个是**技术知识和诀窍**。先行开发的技术特点在于解决技术瓶颈。**技术瓶颈**指紧紧依靠本公司、本部门的现有技术无法解决的技术难题。正因如此，才有突破的价值。突破技术瓶颈，必须引入全新技术。换言之，可以将先行开发所需的技术力表述为"引入新技术的能力"。

先行开发所需的技术分两种情形。

情形 1：知道需要什么技术，但本公司、本部门不具备该技术。

情形 2：了解技术难题是什么，但不知道解决难题的技术[*8]。

*8　在第 3 章 5.3.【1】(p. 115) 介绍的寻找绝对领先性能的技术解决方案的案例中，我们知道需要提高检测距离的三维磁场分析技术。但公司当初没有该技术，所以我们开始努力导入分析技术。在第 3 章 5.3.【2】(p. 119) 介绍的寻找绝对领先成本的技术方案的案例中，我们当时不知道整合功能需要什么技术，因此开始了技术探索。

无论哪种情形，要跨越技术难关都需要牢记以下三点。

引入新技术的三个要点

引入新技术的要点有（1）基础技术，（2）团队合作，（3）人。

（1）基础技术越牢固，引入新技术的可能性就越高[*9]。可以以现有技术为基础，学习新技术。

*9 先行开发所必要的基础技术如下。
· 从**成功案例**学到的知识*10：在量产设计中，从过去的失败案例中学到的经验知识非常重要（请参考第 4 章 4.2.【2】：p. 166），而在先行开发中，从成功案例中学到的知识十分重要。
· 产品特有技术（请参考第 4 章 4.2.【2】：p. 177）
· 产品共通技术（请参考第 4 章 4.2.【2】：p. 179）
*10 从丰富的技术开发成功案例中，可以学到很多知识。虽然产品不同，但很多时候思路是共通的。例如，从功能角度而非零件角度进行思考，容易得到削减成本的方案。只讲理论，大家可能没有实感，举个具体案例吧。比如，"通过将线路板和壳体一体化，直接将线路集成在壳体上，成功削减了成本"，这个案例可以加深我们的理解，当我们再考虑眼下的课题时，思路会更加开阔。如果本部门没有成功案例，也可以学习公司其他部门的案例。通过数据库共享信息也十分重要，不仅要共享失败案例，还要共享成功案例。例如，第 3 章 5.3.【2】(p. 119) 介绍了为实现绝对领先的成本目标，而寻找技术瓶颈解决方案的案例。在该案例中，我们可以体会到什么是从功能角度思考，从而拓展设计的思路。

（2）团队合作的方法有很多，如与公司内部其他部门合作，或引入专业厂商等。团队合作的形式之一是组建跨部门团队（跨职能团队 Cross Functional Team）（请参考第 3 章 4.2.【4】：p. 81）。

（3）干活儿的"人"左右着能否成功导入新技术。人既是技术者，又必须是开拓者（请参考第 3 章 4.2.【4】：p. 81）。

【3】各种工具（第 3 个设计力要素）

在先行开发的七个设计力要素中，第 3 个是各种工具。导入先行开发所需的技术时，会灵活应用到各种各样的分析工具。（请参考第 3 章 5.3.【1】：p. 117，第 3 章 6.1：p. 125）。

随着 3D-CAD 和 CAE 的发展，很多分析技术得以应用开来，如磁场分析、流体分析、热传导分析、声音分析等。此外，基于模型的开发 **MBD**（Model Based Development）也备受关注[11]。这是一种引入计算机模拟技术的开发手法，通过应用"模型"，实现高效开发，从而提升开发品质和速度。

*11　技术和工具必须区分开来。为寻找技术瓶颈的解决方案，使用工具的能力是必要条件，但不能称之为充分条件。曾经，我们为了提高音压，购买了音压分析工具，并由熟练掌握该工具的设计者负责分析。然而，单纯依靠分析并没能得到期待的结果。因为缺乏音压知识。后来，我们咨询了音压专家，将音压知识应用到分析工作中，最终达成了音压目标。

此外，在不知道使用什么技术解决课题时，需要对现状持有怀疑态度，不被现存技术和设备、流程、常识所束缚。首先，抛弃先入为主的想法，进行发散性思考非常重要。发散性思考有各种手法，如**头脑风暴**（Brainstorming）、蓝海（Blue Ocean）思考、TRIZ（开发问题解决理论）、**品质功能展开**（Quality Function Deployment：QFD）、**VE**（Value Engineering：价值工程）、VA（Value Analysis：价值分析）等。希望大家尝试不同工具，辅助先行开发。

【4】人与组织（第 4 个设计力要素）

在先行开发的七个设计力要素中，第 4 个是人与组织。在先行开发中，这一项设计力尤为重要。尤其是人，极为关键。

因为，如果用一句话总结先行开发的工作，那就是对未知的挑战。仅仅依靠现存知识和信息，是无法挑战成功的。因此，人（设计者）必须既是技术者，又是**开拓者**(图3-18)。

（资料来源：WORLDTECH）

图3-18●实施先行开发的"人"是开拓者

开拓者指自己发现问题，并寻找答案之人。那些认为答案掌握在某人手中的人，是不适合做先行开发的。绝对领先的目标是竞争公司无法马上实现的水平。只有找到人无我有的答案，才能打造出绝对领先的产品。

开拓者有如下必备素质。

· **课题把握能力**：洞悉所处境况的能力。

· **问题分析能力**：寻找问题的真正原因的能力。

· **系统理解能力**：理解上层系统的能力。

· **信息收集和分析能力**：从系统发展动向到构成零件，广泛地收集信息，并判断市场规模的能力。

· **调查其他公司产品的能力**：详细调查竞争公司的产品功

能、性能、成本等信息的能力。

· **对标能力**：调查竞争公司的产品，进行优劣分析的能力。

· **活用发展路径图的能力**：使本公司产品的发展路径图符合上层系统的发展路径图的能力。

· **实机调查能力**：详细调查实物上层系统的能力。

· **专利调查能力**：从专利中解读技术发展动向的能力。

· **专利申请能力**：申请专利的能力。

· **活用新技术的能力**：熟练利用新技术的能力。

· **领导力**：领导研发设计成员的能力。

选择进军某系统领域时，必须脚踏实地，坚持做好信息收集和分析的工作。选择新产品时也一样。决定新产品的开发方针时，需结合**全球对标**得来的信息，找出竞争公司的产品弱点。然后针对该产品弱点，通过 5why 分析法，反复讨论，找到管理上的原因（请参考第 3 章 3.【2】：p. 65）。

然后，通过上层系统的实机调查，明确绝对领先目标（请参考第 3 章 5.2.【2】：p. 109）。面对技术瓶颈时，引入分析等新技术，寻找解决方案。从事先行开发的设计者们必须跨越这些难题。人（设计者）必须既是技术者，又是开拓者。

设计者必须牢记挑战未知，开拓未知世界。因此，仅靠本部门的人才，往往无法挑战成功。为此，需要一个集结全公司人才的组织。其中之一就是跨部门团队（跨职能团队：CFT）。

跨职能团队的参与方不只是事业部内部相关部门，还有功能部门等构成技术的开发部门和专业分析部门，以及持有研发费用的企划部门等，有时还需要考虑跟专业公司合作。先行开发的工作需要这种跨部门的团队。

领导跨部门团队的是设计者。因为，他们最了解开发的产品。顺利运转跨部门团队，需要设计者具备**领导力**。

跨职能团队的工作

在先行开发中，需要发挥全公司的组织和人才的综合能力。其方法之一就是组建多个专业部门参与的**跨职能团队**。组建不同领域的专家团队，融合大家的智慧，将有所新发现[*12]。

> *12　不同领域的专家相互合作，通过跨领域知识的相互碰撞（相互影响），产生新的有价值的发现。例如，针对"使用 X 的客户觉得 Y 不方便。有解决材料吗?"的问题，其他成员提出，"那种材料对 A 会有 B 特性，不知道能否起效"，其他人听到后，说"那么 C 可能有用"，就这样，讨论逐渐逼近正解。

下面列举一个以产品开发为主题的跨职能团队。

①事业部内部组建跨职能团队的情形

· 设计：产品特有技术的专家

· 品质：从量产角度，保证品质的专家

· 生产技术：工程设计的专家

· 生产：站在现场作业的角度，参与的专家

②功能部门内部组建跨职能团队的情形

· 构成技术（材料、加工等）的专家

· 生产系统的专家

③跨事业部和功能部门，组建跨职能团队的情形

如图 3-19 所示，在以产品开发为主题的跨职能团队中，围绕新产品的开发主题，产品开发团队和生产技术开发团队分别组建跨职能团队，展开研讨。例如 1 次/月，两个团队定期聚集，召开联合研讨会。通过这样的方式，针对开发进度和课题，两支团队互相交换意见，获取新发现。

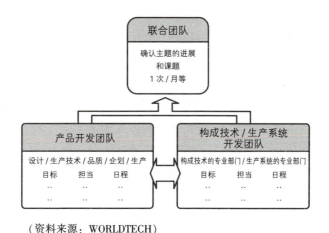

（资料来源：WORLDTECH）

图 3-19●跨职能团队的工作（例）

通过上述方式，组建跨领域专家团队，共同解决课题。并以此（1）获得新发现、新知识，（2）通过团队工作推动流程发展（请参考第 3 章 5.2.【2】：p. 109 以及第 3 章 5.3.【1】：p. 117）。

【5】判断标准（第 5 个设计力要素）

在先行开发的七个设计力要素中，第 5 个是**判断标准**。先行开发有很多需要判断的时期，如决定开发产品（新产品）的

选择方针时，选择开发产品时，决定产品开发方针时，选择绝对领先目标时，判断技术瓶颈的对应方案是否合理时等。在这些时期，进行研讨/讨论和审议/裁决，需有以下判断标准。

（1）决定开发产品的选择方针时，需要的判断标准

·平均每一位设计者的目标销售额（开发产品为 X 亿日元/人·年以上）

·必要的开发资源的投入标准

·方针决定方法的合理性（综合考虑方法，结合职场课题的管理原因，决定方针）

（2）选择产品时，需要的判断标准

·产品选择方法的合理性（信息收集方法和产品市场规模的预测方式等）

（3）决定产品开发方针时，需要的判断标准

·开发方针的决定方法的合理性（其他公司的产品调查方法、调查结果的分析方法，测算成本时的数量以及其他公司的时间比率，判断其他公司技术水平的标准等）

（4）选择绝对领先目标时，需要的标准

·绝对领先目标的四要件（目标项目和目标数值的合理性，是否符合系统的发展动向，是否符合发展时机）

（5）应对技术瓶颈

·技术理论是否成立以及验证的合理性（本公司或本部门积累的标准产品的设计标准和类似产品的设计标准等，通用构

成技术的标准等）

此外，前文介绍了第 2 个设计力要素——技术知识和诀窍，其中介绍到对比成功案例十分重要。而在先行开发之后的量产设计中，从重视品质的角度出发，过去的失败经验教训（俗称"过往麻烦"，麻烦指 trouble）更加重要。与此形成对比，先行开发需要开拓未知领域和新技术，所以学习成功的开发案例尤为重要。因此，跟过往麻烦一样，**建立成功案例数据库**，进行体系化管理是非常必要的。建立成功案例数据库，听起来似乎并不关注过往麻烦，但其实也应充分整理过往经验教训。在判断时，重要的是对比判断标准（依据）。

【6】研讨/讨论和审议/裁决（第 6 个设计力要素）

在先行开发的七个设计力要素中，第 6 个是**研讨/讨论和审议/裁决**。先行开发的流程由基本流程、应用辅助工具的辅助流程以及管理流程构成（请参考第 3 章 4.2.【1】：p. 66）。研讨/讨论和审议/裁决是管理流程，是对比判断标准，讨论和决议工作结果的场合。

此工作由大型节点的开发促进会和小型节点的开发研讨会构成。

（1）开发促进会

开发促进会召开于先行开发的各大型节点。其种类、时间以及成员如下所示。

①种类和时间

位于基本流程（请参考第3章4.2.【1】：p.66）的出口。

·选定产品领域和具体产品的节点（讨论并决议所选产品的合理性的场合）

·设定绝对领先目标的节点（讨论并决议绝对领先目标的合理性的场合）

·寻找技术瓶颈的解决方案的节点（讨论并决议技术解决方案的合理性的场合）

②成员

在量产设计中，绝对领先产品位于**初期流动管理级别**[13]的最高级别。应该由事业部牵头推进工作。

*13　*初期流动管理级别*从开发初期开始，为有重点地展开品质保证工作，尽早稳定生产线，实施分级。根据产品的重要程度，区分管理级别，并根据级别，进行品质管理。关于管理级别的详细内容，请参考第4章4.2.【1】(p 151)。

会议成员是事业部部长和企划、设计、生产技术部门的工作人员。根据需要，邀请系统相关部门、构成技术的专业部门等同事参加（表3-2）[14]。

*14　位于最高管理级别的产品，在量产设计阶段，由品质责任董事负责管理。由于绝对领先产品是位于最高级别的产品，所以在量产设计阶段的决议会中，由负责品质的董事进行判断。而先行开发在初期流动管理之前，所以应由事业部进行管理。

表 3-2●开发促进会的成员（例）

（资料来源：WORLDTECH）

事业部部长	企划	设计				生产技术	系统相关部门	构成技术专业部门	服务	采购	营销	试做
		部长	科长	系长	担当							
★	☆	○	○	○	○	○	△	△	△	△	△	△

　★　决策者
　☆　议长&书记
　○　必须出席
　△　根据情况，议长点名出席
※该会议兼顾讨论和决议的功能。在量产设计阶段，最好将讨论和决议分开。

由事业部部长担任会议决策者，企划部门的成员担任议长和书记[*15]。

15 量产设计阶段的设计评审（Design Review，DR），由事业部部长担任议长，而非决策者（表 3-A）。量产设计是努力达成"120%"的品质的工作，要求工作缜密，毫无疏漏。为此，在量产设计阶段，应该将研讨/讨论和审议/裁决分开（请参考第 4 章 4.2.【6】：p.198）。在实施研讨和讨论的 DR 中，设置议长，而不设置决策者。

表 3-A●参加 DR 的成员

（资料来源：WORLDTECH）

第2次DR（例）

管理级别	事业部部长	企划	设计					品质	制造			采购	相关部门	
			部长	部长	系长	担当	专家委员		生产技术	生产	检查		系统部门	构成技术专业部门
S	○	○	○	★	☆	○	○	○	○	○	○	△	△	△
A	△	△	○	★	☆	○	○	○	○	○	○	△	△	△
B		△	○	★	☆	○	○	○	○	○	○	△	△	△
C			[○	★	○	○	○	△	△	△	△	△]		

根据情况实施

　★　议长
　☆　书记
　○　必须出席
　△　根据情况，议长点名出席
※第3次DR的议长为制造部门的生产技术科科长，系长和其他成员与第1次DR保持一致。

与此形成对比，先行开发设定重要目标，并为实现该目标，进行技术探索。因此，在先行开发中，大胆挑战至关重要，适合一边讨论一边判断和决策。

③讨论项目

在各大型节点的开发促进会中，应讨论如下项目。

（1）开发背景：现状分析与评价（性能、功能、可靠性、成本等）

（2）客户之声：市场顾客、车企、一级零件生产商等

（3）竞争公司：全球对标

（4）产品开发的基本方针：目标设定（基本性能、可靠性、成本、专利）

（5）主要技术开发主题：达成绝对领先目标的技术瓶颈应对方案（构成技术、产品基本功能、单独功能）

（6）组织/阵容/开发费：公司内部组织【跨部门团队（跨职能团队）】、与公司外部组织合作等

（7）经济效益：生产预测、销量预测、回归图（return map）等

（8）大日程：截至量产开始的大日程

（9）成果评价：财务、客户、业务、学习/成长、目标等

在每个开发促进会的实施阶段，选取讨论项目。如表3-3所示，共有四次实施阶段，分别是【1】产品选择方针、【2】选择产品、【3】目标设定、【4】瓶颈技术开发。同时，该表还展示

了各阶段应讨论的项目。

表 3-3●开发促进会的讨论项目

项目		内容	阶段			
			产品选择方针	选择产品	目标设定	瓶颈技术开发
1	开发背景	现状分析与评价 性能、功能、可靠性、成本等				
2	客户之声	市场顾客、车企、一级零件生产商等				
3	竞争公司	全球对标				
4	产品开发的基本方针	目标设定 基本性能、可靠性、成本、专利				
5	主要技术开发主题	达成绝对领先目标的技术瓶颈应对方案 构成技术、产品基本功能、单独功能				
6	组织/阵容/开发费	公司内部组织（跨部门团队 Cross Functional Team）、与公司外部组织合作等				
7	经济效益	生产预测、销量预测、回归图（return map）等				

项目		内容	阶段			
			产品选择方针	选择产品	目标设定	瓶颈技术开发
8	大日程	截至量产开始的大日程				
9	成果评价	财务、客户、业务、学习/成长、目标等				

将开发产品的选择方针作为一个工作节点，共召开四次开发促进会。

△：根据情况实施。

（资料来源：WORLDTECH）

④准备内容

开发促进会需要准备以下资料。

（1）对标调查的其他公司的产品

（2）技术瓶颈解决方案的临时样品（试作品）

（3）讨论和决议项目的研讨结果汇总

准备资料时，应注意资料要清晰易懂。因为，如果参会人不理解，就无法深入讨论。因此，需要将复杂的事情简单化，深入浅出。但这并不容易，需注意三点。

首先，【1】让资料具备**故事性**。通常，有起承转合（故事）的资料更易理解。开发促进会的资料也一样，需要具备故事性［Example 8］。

其次，【2】比起结论，**思考方式和依据**更重要。尽量使用定量依据进行说明。

然后，【3】避免罗列原始数据。用原始数据进行说明的话，开发促进会的参会人们很难在现场马上理解，并整理清楚。因此，整理原始数据，汇总得出普遍性结论，然后做成资料，是十分重要的。

准备满足以上三点要求的资料，可以促进参会人的理解，从而提升讨论的深度。但原始数据依然必要，要准备随时可以拿出原始数据，以备不时之需。

Example 8　具备故事性的资料按如下顺序的内容汇总。

【1】开发背景：现状分析与评价（性能、功能、可靠性、成本等）

【2】上层系统和商品角色：系统概要和商品的使用方法

【3】系统和商品的发展动向：基于客户信息，绘制出的系统和商品的发展路径图

【4】主要商品式样和依据：结合真正的需求，把握主要商品式样

【5】对标：通过调查主要竞争公司的产品，找到差异化要点

【6】绝对领先目标和依据：满足目标四要件

【7】技术瓶颈与应对：为打破绝对领先目标的阻碍因素，把握技术课题，理论论证和实验验证技术解决方案

【8】基础专利调查和申请：判断技术瓶颈解决方案是否侵犯专利，申请基础专利，绘制专利地图

【9】开发体制：组织、阵容、负责人、跨职能团队、与外

部专业公司的合作、与供应商的联合开发等。

【10】产量和销售额预估：判断经济效益的材料

【11】大日程：与先行开发、量产设计、生产准备的必要周期、计划量产开始的时间是否吻合

(2) 开发研讨会

开发研讨会在先行开发的辅助流程的主要工作过程中进行（请参考第 3 章 4. 2. 【1】：p66）。

①种类和时间

在开发研讨会中，对辅助流程（请参考第 3 章 4. 2. 【1】：p. 66）的各项工作，进行讨论和决议[*16]。内容如下。

[*16] 关于开发研讨会的讨论案例，请参考第 3 章 5. 1. 【3】（p. 100）。

（1）现存产品的问题分析

（2）开发产品的选择方针

（3）系统领域的选择

（4）系统构成产品的发展动向

（5）对标

（6）产品的开发方针

（7）绝对领先目标项目的选择

（8）技术瓶颈的应对方针

②成员

开发研讨会的参会成员是企划、设计以及各生产技术部门

的同事。可以根据需要，邀请系统相关部门、构成技术的专业部门等同事参加。

【7】风土/土壤（第 7 个设计力要素）

在先行开发的七个设计力要素中，第 7 个是**风土/土壤**。风土和土壤也可以表述成造物工作的态度。如果用"WAY"来描述造物工作的态度，其态度有二，"**变革之路（WAY）**"和"**守护之路（WAY）**"。将其反映到先行开发和量产设计中的话，先行开发重视变革之路，而量产设计必须重视守护之路（请参考第 4 章 4.2.【7】：p. 238）。

守护之路的关键是"执着品质""执着成本""严守交期"，而变革之路需重视以下两点。

"不畏风险的风土"

"赞扬挑战的风土"

先行开发是挑战未知。洞悉目标（绝对领先目标），开拓全新技术是第一要务。并非一次就能成功，更多时候是反复失败。

不畏风险的风土是一定程度上允许失败的职场氛围，并且大家坚信最后一定会成功的职场氛围。赞扬挑战的风土指评价两项工作——"挑战超高目标一年后，只完成 50%"和"100%完成常规业务"时，更加赞赏前者的职场环境。即，表扬勇敢挑战超高目标的设计者的职场氛围。立志于实现绝对领先目标，必须具备这样的职场风土和土壤。

Point▶ 设计力七要素的小节

　　彻底做好先行开发（选定产品、设定绝对领先目标、寻找技术瓶颈的解决方案），需具备七个设计力要素。表3-4汇总了各要素的精髓。

表3-4●先行开发的设计力七要素的构成

（资料来源：WORLDTECH）

要素	需具备的具体内容
1. 先行开发的流程	系统的发展动向调查/产品的发展动向调查/对标/把握真正的需求/设定绝对领先目标/确立技术达成方案……（约40个步骤）
2. 技术知识和诀窍	·丰富的成功开发案例（收集） ·通用的构成技术/基础技术、大量的产品特有技术……
3. 各种工具	·5why分析法、品质功能展开、VE……、CAE/CAD……突破（breakthrough）阻碍因素的发散性思维方法
4. 人	<u>技术者|开拓者</u> ·课题把握能力/信息收集和分析能力/系统理解能力/其他公司产品的调查能力/对标能力/专利调查能力/实机调查能力/实验能力/活用发展路径图的能力/系统发展动向的信息收集能力/专利申请能力…… ·提升突破难题的决心、热情以及团队气势的领导力……
组织	跨职能团队/与专业公司合作……
5. 判断标准	·开发目标和四要件（依据）、标准产品的设计标准、类似产品的设计标准……

（续表）

要素	需具备的具体内容
6. 研讨/讨论和审议/裁决	·开发促进会（讨论与决议） ·各构成工作的开发会议（系统学习会/实机调查讨论会……）
7. 风土/土壤	·不畏风险的风土/即使失败，依然赞扬挑战的风土（例：比起100%完成常规业务，对挑战成功50%给予更高评价）

①先行开发的流程

②技术知识和诀窍

③各种工具

④人与组织

⑤判断标准

⑥研讨/讨论和审议/裁决

⑦风土/土壤

设计者个人有其必须具备和提升的能力，设计组织也有其必须具备和应用的东西。然而，个人和组织是一体的。个人设计力的提升，能够推动组织设计力的提升，反之也一样。所以，让个人和组织的设计力相互促进、共同提升，非常重要。

5 先行开发的案例

　　接下来，为了加深大家对先行开发工作的理解，笔者介绍一个案例。这是电子控制燃油喷射系统产品的先行开发案例。现在，随着新四化 CASE（Connected：网联化，Autonomous：自动驾驶，Sharing：共享化，Electric：电动化）的发展，人们说汽车行业迎来了百年一遇的变革期。然而，其实早在 20 世纪 80 年代，汽车行业就经历了一次大变革，发动机由汽化器（carburettor）系统迅速切换成电子控制燃油喷射系统（EFI 系统）。在这个对汽车动力总成零件生产商而言的大变革时期，作为电装公司研发设计的笔者，经历了挑战绝对领先目标的先行开发工作。现在，随着**电动化的发展**，发动机零件逐渐减少，希望此案例能够给因此而备感危机的读者朋友们一些启示。

　　笔者将结合先行开发的基本流程，进行介绍。具体分成如下三部分。

　　【1】选定产品

　　【2】设定绝对领先目标

　　【3】寻找技术瓶颈的解决方案

5.1 选定产品

选定产品指绝对领先产品的选择阶段。其工作流程如下。

【1】把握市场动向

【2】确保开发资源

【3】决定新产品的选择方针

【4】基于方针，选择新产品

【1】把握市场动向

新产品的开发背景是全球排放法规和油耗法规变严。在此背景下，汽车行业灵活利用日渐发展的电子控制技术，发动机系统从汽化器系统转换成电子控制燃油喷射系统的苗头开始出现。最终，涌现出大量电子控制燃油喷射系统的新产品，也诞生了众多世界第一产品。受其影响，把握时机、及时开发电子控制燃油喷射系统新产品的部门大幅扩大了自己的事业规模。

诚如此案例，开发新产品需要洞悉系统的变革期。当初，笔者所在的开发汽化器系统产品的公司因新产品开发工作减少，事业每况愈下。因此，我们决定开发新产品，打破僵局。

【2】确保开发资源

就这样，我们决定了开发新产品的方针，但开发工作需要人手和资金。虽然我们高举开发新产品的旗帜，但公司并未因我们高涨的热情，给我们补充人手和资金。于是，我们开始在部门内部筹措资源。具体做法是通过**选择与集中**，将部分工作委外（out-sourcing）[17]。

*17　无论产量为 100 个/月的汽车零件，还是产量为 1 万个/月的零件，开发工时都相差不多。因为无论产量多少，汽车零件的开发目标都是重大致命故障为零，一般故障控制在几个 ppm 以下。

当初，我们部门负责多款产品，产品的销售额有高有低。于是，我们分产品计算了平均每一位设计者的销售额，决定继续开发单位销售额较高的产品，将单位销售额较低的产品委外。

在进行选择与集中时，我们选取的判断标准是事业部内**平均每一位设计者的目标销售额**，即 X 亿日元/人（图 3-20）。平均每一位设计者的销售额是有效进行选择与集中的判断标准。

$$选择与集中\left[\frac{销售额X亿日元}{设计者1人} \geq 委外\right]$$

（资料来源：WORLDTECH）

图 3-20●平均每一位设计者的销售额是选择与集中的判断标准

【3】决定新产品的选择方针

通过选择与集中，筹措好开发资源后，我们回顾了以往新产品开发工作的课题（问题）。然后，结合反省回顾的结果，决定了新产品的选择方针。

决定新产品的选择方针，具体步骤如下。

（1）洞悉以往开发工作的问题。

（2）明确问题的真正原因。

以此，决定新产品的选择方式。

（1）洞悉以往开发工作的问题

当初，我们部门虽然持续向市场推出新产品，但单位产品的销售额却低于其他部门（图 3-21）。我们从现有产品的 Q（性能、可靠性等）、C（成本）、D（此处是投入时期）的角度，回顾了为什么我们的产品单位销售额低。然而，我们并未发现负面因素，也未发现比竞争公司差。

与我们形成鲜明对比的是，旁边部门只负责一两个种类的产品，但产品销量高且利润好，成为该事业部的支柱。跟他们的产品一比，笔者所在部门的产品销售额不及他们的十分之一，差距一目了然。旁边部门的产品正是**成功案例**！

于是，通过**对比成功案例**，我们讨论了以往工作的问题。最终我们得出结论：以往工作的问题在于"一直只做低销售额的产品"。我们以前没有意识到，原来我们很大的问题是一直做的都只是低销售额的产品。

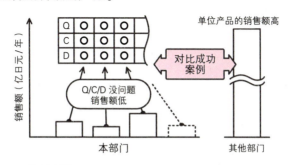

（资料来源：WORLDTECH）

图 3-21●通过对比成功案例，发现问题

(2) 明确问题的真正原因

就此，我们掌握了以往工作的问题，然后我们讨论了其原因。挖掘我们一直以来只开发低销售额的产品的**真正原因**，即，明确**管理原因**（表3-5）。

表 3-5●明确了管理原因，就定了应对方针

（资料来源：WORLDTECH）

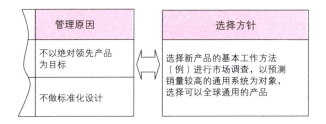

明确管理原因的意义在于可以决定新产品的选择方针。从管理原因逆向思考，就能得到新产品的选择方针了。

为了找到真正的原因，我们采用了品质管理手法——**5why分析法**（表3-6）。实施5why分析，必须与众多成员一起，付出充足的时间，展开深入研讨。因为通过5why分析法找到了管理原因，就得到了新产品的选择方针。

表 3-6●通过5why分析法，把握销售额低的真正原因

（资料来源：WORLDTECH）

现存产品的问题	第1原因	第2原因	第3原因	第一原因	管理原因
各产品的销售额低	满足于现在的已有客户	···			不以绝对领先产品为目标
	产品的适用系统有限	···			不做标准化设计

换言之，方针的选择支配着先行开发的全部工作。一旦方针有误，选择的产品也会出错。因此，定方针这一**前期吃重**（Front Loading）十分关键[18]。

[18] 方针支配着后续先行开发的全部工作，因此如果时间允许，有必要以月为单位，投入充足的时间，进行讨论。当时，我们为了找到管理原因，采用了 5why 分析法，包括上司在内，成员们每周末聚在一起，反复讨论。如果碰壁了，我们不会局限在公司内部，还会收集公司外部的成功经验。我们还调查了数家有类似规模和类似产品的生厂商。最后我们得出了以下结论。

·产品开发的问题在于各产品的销售额低。

·管理原因是没有挑战打造世界第一产品。

·没有进行标准化设计。

·新产品的选择方针是，以预测未来销量会增长的通用系统为对象，选择全球通用的产品。

【4】基于方针，选择新产品

决定了新产品的选择方针后，接下来就是基于该方针，选择即将开发的产品了。选择新产品的步骤如下。

（1）选择新产品的系统领域

（2）决定要开发的产品

（1）选择新产品的系统领域

首先，我们研讨了新产品的系统领域。具体做法是，为了选定即将开发的车载传感器，我们讨论了汽车系统（图 3-22）。

选择工作的具体步骤如下。

①收集车载电子控制系统的信息[19]

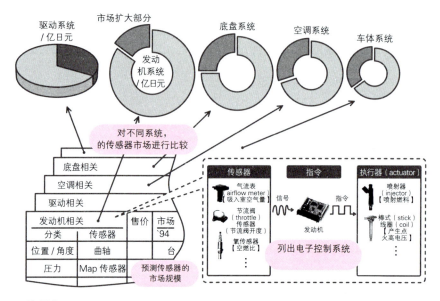

（资料来源：WORLDTECH）

图 3-22●推测不同领域的传感器的市场规模

②列出各系统的传感器构成[20]

③推测传感器价格，预测不同系统的传感器的市场规模

④判断该市场的未来发展可能性，选定系统的领域[21]

*19　车载电子控制系统由传感器和电子控制单元（ECU），以及执行器（actuator）构成。

*20　我们调查了系统所需的温度、振动、角度等物理量，收集监测这些物理量的传感器信息。

*21　我们推测了各种控制系统的未来发展动向和装载率。大致形式是，"发动机系统的最大市场规模是 X 亿日元，随着未来油耗和排放法规变严，GDI（Gasoline Direct Injection：汽油直接喷射）等新系统会投入使用……这几年底盘系统和空调系统也……但是，在驱动系统方面，AT（Automatic Transmission：自动变速箱）的电控化进步飞速，此外，在车体系统方面，ASV（Advanced Safety Vehicle：先进安全汽车）和无钥匙化等

104

自动化产品的市场将不断扩大……。"

研讨时，我们采用了**发展路径图**(洞悉各领域的电子控制系统的发展动向)。

最后，我们选择了驱动系统。当时，驱动系统传感器的市场规模尚小，但我们判断电控化会飞速发展，即驱动系统传感器的市场备受期待。

在这个阶段，我们拿出**信息收集始于足下**的毅力，努力**收集和分析系统信息**。

(2) 决定要开发的产品

选定了驱动系统之后，开始选择产品。我们推测了未来 10 年间系统的发展，并**定量预测**系统搭载的各装置的市场规模。其步骤如下。

①推测 AT 系统的变化

②推测伴随着系统变化，控制方式的变化

③判断控制所需的物理量

④导入到控制该物理量的装置中 [*22]

*22 具体形式是，"AT 会从电控 AT 进化成……、CVT。随着系统的发展，控制方式更加高精，会从结合式发展成应答式……随之会需要大量的装置。其中，对系统都必要的传感器 A，全球市场规模预计会发展到……并且目前该传感器还处于发展阶段……"。

我们推测上述内容时，还利用了**发展路径图**(洞悉所选系统和装置)。最后我们选择了传感器。但，判断的重要依据还有该传感器能否通过已有基础技术实现。

5.2 设定绝对领先目标

就这样，我们决定了开发产品，接下来的工作是设定绝对领先目标。设定绝对领先目标的步骤如下。

【1】通过对标，选择绝对领先的目标项目

【2】基于开发方针，设定绝对领先目标

【1】通过对标，选择绝对领先的目标项目

为了通过**对标**选择**绝对领先的目标项目**，我们首先展开了**全球对标**。我们收集了全球范围内可能成为竞争对手的主要公司的产品，详细调查了产品的性能、功能、尺寸、结构以及成本等信息，即"调查其他公司的产品"。根据调查结果，我们缩小了绝对领先的目标项目范围。虽然笔者已经在第 3 章 3.【2】（p.51）的案例中介绍过，但由于选择绝对领先的目标项目至关重要，所以在本章节再详细解释一遍。

当时，在该传感器的全球市场中，多家公司相互抗衡，不分伯仲，即并不存在"绝对领先企业"（图 3-23）。因此，我们无法使用常规定式——以绝对领先公司为目标，设立开发方针。

在这里，我们有两个选择。在多家公司已经开发的前提条件下，重新选择产品，或者继续开发原来的产品。当时，我们倾向于重新选择产品。但结论是，继续开发原来的产品。因为

全球市场调查

- 调查全球主要公司的份额
  在被多家公司瓜分的全球市场中，我们判断成为绝对领先的课题是没有绝对领先厂商。
- 明确没有绝对领先厂商的管理原因，决定开发方针。

（资料来源：WORLDTECH）

图 3-23 ● 我们判断没有绝对领先厂商，正是可以制胜的机会

我们认为"制胜机会"是没有绝对领先企业。换言之，我们判断如果能够明确没有绝对领先企业的原因，就能定下挑战绝对领先产品的**开发方针**。

寻找开发方针的步骤如下。

（1）确认产品调查结果

首先，我们基于产品调查结果，了解到无论哪家公司的产品概念都很类似，没有形成"差异化概念"。

（2）研讨管理原因

针对无差异化的原因，我们研讨了工作方式的问题，即"管理原因"（表 3-7）。

第 1 原因：无性能差异，无成本差异。

第 2 原因：完全按照客户要求进行设计，基本设计相同。

第 3 原因：没有抓取到驱动系统的客户**喜悦感**，在现有技术的框架内实施设计。

从这些原因，我们得出管理原因是**没有从系统整体的角度考虑，没有大胆的技术设想**。

表 3-7●明确没有绝对领先厂商的管理原因，决定应对方针

（资料来源：WORLDTECH）

问题点	第 1 原 因	第 2 原 因	第 3 原 因	管理原因	应对方针
现状 无绝对领先厂商	无性能差异 0　　1　　2	向传感器厂商确认			实现能够真正给客户带来喜悦感的驱动系统的绝对领先性能
		完全按照客户要求进行设计	没有抓取到驱动系统的客户喜悦感	没有从系统整体的角度考虑	
	无成本差异 0　　1　　2	确认实物和与传感器厂商确认			通过差异化技术达成绝对领先成本
		基本设计相同	在现有技术的框架内实施设计	没有大胆的技术设想	

（3）决定开发方针

结合管理原因，我们决定了绝对领先产品的"开发方针"。如上文所述，从管理原因逆向思考，就可获得开发方针。开发方针是实现**能够真正给客户带来喜悦感的驱动系统性能**，以及**通过差异化技术达成绝对领先成本**。

（4）设定绝对领先的目标项目

就这样定下来的开发方针其实就是绝对领先的目标项目。使用的手法是5why分析法。

全球市场没有绝对领先企业，是打造绝对领先产品的线索。找到了没有绝对领先企业的管理原因，就形成了绝对领先产品的开发方针，进而设定出绝对领先的目标项目。具体来说就是，

明白了竞争公司的"弱点"，就可以找到差异化策略。而寻找管理原因，**5why 分析法**非常有效。

【2】 基于开发方针，设定绝对领先目标

设定了绝对领先的目标项目之后，接下来的工作是设定**绝对领先目标**。目标项目有绝对领先性能和绝对领先成本。按顺序介绍一下吧。

（1）设定绝对领先性能

上文介绍到，我们选择了"能够真正给客户带来喜悦感的驱动系统的绝对领先性能"的方针。这要求我们必须挖掘**真正的需求**(洞悉顾客的喜悦感，转换成商品式样)（请参考第 3 章 3.【1】：p. 45）。

我们没有局限在**零件技术人员**的立场，而是站在"系统技术人员"的角度，开展工作[23]。

*23 我们具体开展了如下工作。

【1】把握客户"真正的需求"的案例

当时我们公司还只是完全按照主机厂提出的式样要求，开发产品。于是，我们打算跟主机厂咨询所选传感器的绝对领先性能目标。然而，那家主机厂的产品使用部门和采购窗口是不同的部门。因此，除了客户发行的式样书，我们从窗口处得不到其他的信息。并且，我们不认识产品使用部门的人员，所以无法针对绝对领先目标交流意见。

于是，我们以系统技术人员，而非零件技术人员的角度开展工作。挖掘对主机厂有利的"喜悦感"，把握"还未显现的商品式样"，即把握客户真正的需求。

笔者回顾一下作为零件技术人员的工作。将主机厂提出的"商品式样"转换成"产品式样"，在综合整车环境和市场环境、考虑安全系数和余量等因素的基础上，将系统所需功能、性能及其目标数值落地。即，零

件生产商的工作是将主机厂提出的系统必要条件，转换成保证市场品质的充分条件。

此工作本身已经难度很高，把握真正需求是额外的工作，所以常常无法找到绝对领先目标。要找到绝对领先目标，需要从零件技术人员的位置，再向前一步，站在系统技术人员的角度开展工作。

【2】与其他公司差异化竞争的案例

整车系统实施异物管理的消息，让一家公司找到了差异化竞争的切入口。主机厂没有对零件生产商提出关于异物对策的要求。但是零件生产商得到了"主机厂在系统层级进行异物管理"的信息后，改良了自己的产品。改良之后，即使安装系统时出现异物，也不会发生问题。最终，系统层级不需要实施异物管理，既提高了系统整体的可靠性，也削减了成本。

这家零件生产商把握了主机厂的潜在商品式样——异物管理，先于其他公司引入到产品式样之中。最终，实现了不同于竞争公司的差异化设计，推动了销售额的增长。这就是"提案型工作"。

站在系统技术人员的角度，寻找真正需求的工作方法如下（图3-24）。

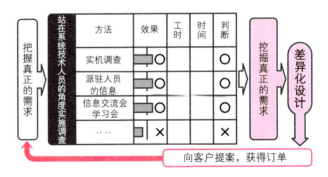

（资料来源：WORLDTECH）

图3-24●零件技术人员抱着系统技术人员的心态，挖掘真正需求

①**实机调查**

②**从派驻人员处收集信息**

③**信息交流会**，学习会（本部门、实验部门、派驻人员、

其他系统等相关部门）

④向客户提案自己洞悉的真正需求

应该提案将性能从以前的 X 提升到 Y 之后可以得到什么。如能这样提案，说明这是真正的"提案型工作"。

（ⅰ）通过零件的集成化，削减成本

（ⅱ）系统安装无切削

（ⅲ）系统安装的自由度大，等

⑤将顾客认可的真正需求转换成绝对领先目标

在笔者参与的传感器开发工作中，为了把握真正的需求，我们首先选择了调查方法。作为候选，我们列举了系统实机调查、文献调查、专利调查、从整车厂派驻人员处收集信息等方法。然后综合考虑预想效果、工时、所需时间等因素，从中选择了实机调查和派驻人员的信息两项方法，实施调查。并组建由公司内部实验部门、其他关联部门、派驻人员构成的跨职能团队。我们有计划地召开系统学习会和派驻人员信息交流会，挖掘还未显现的商品式样（图 3-25）。

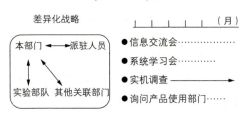

（资料来源：WORLDTECH）

图 3-25●通过跨职能团队挖掘商品式样

挖掘出商品式样之后，需转换成绝对领先目标。考虑绝对领先的性能目标【低频域 X 检测距离】时，我们在发现的商品式样【<HHz X Xmm】的基础上，综合考虑余量，设定为【<HHz X Xmm<H'Hz X X'mm】。这样可以反映零件的集成化等削减成本的真正需求（图 3-26）。

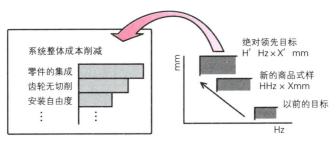

（资料来源：WORLDTECH）

图 3-26 ● 系统整体的成本削减源于绝对领先目标

像本案例一样，站在客户的角度设定绝对领先目标，不仅局限在主机厂和一级零件生产商之间，也可能存在于一级和二级、二级和三级零件生产商之间。

（2）设定绝对领先成本

在前文介绍的设定绝对领先项目的工作中，成本方面，我们找到了通过差异化技术达成成本削减目标的方针。接下来介绍通过**成本曲线**，决定绝对领先成本的方法（图 3-27）。

寻找绝对领先成本的方法如下 [24]。

[24] 我们具体开展了如下工作。

设定成本时容易掉落的陷阱

每次问别人"如何设定成本目标",收到的答案常常都是"不输于竞争公司的数值水平"。于是,我会问"如果竞争公司的成本为 100 日元,我们的目标应该是多少"。大多数人都会稍作思考,然后说"90 日元"。听到此答案后,笔者进一步问,"竞争对手正密切关注着贵司,很可能一年后推出 89 日元的产品。真的强于竞争对手目前的水平就可以了吗",然后,大多数人会默不做答。

我们不能断言"现阶段超过竞争对手就行了",这种思路完全错误。如果每隔半年或一年就推出新产品,短时间内频繁投放新款的话,这种方法也是选择之一。但是,如果现款的成本一年后就会输于竞争对手的话,那么下一款也不容乐观。

设定成本时切莫忘记的时间轴

换言之,设定成本目标时,"时间轴"至关重要。汽车零件的领域更是如此。因为一旦量产,产品寿命很长。假如汽车 4 年一次全新换代,零件被连续两代车型采用的话,那么产品的寿命就是 8 年。但如果其间竞争公司推出成本更低的产品,那么自己的产品将不如预期,短时间内会退出舞台。这样解释后,相信读者朋友们可以充分理解为持续获得订单,综合考虑时间因素,然后设定成本目标是多么必要了吧。

预测竞争对手 8 年后的成本

"怎样才能持续保持成本优势 8 年?"

答案是"必须预测竞争对手 8 年后的成本"。预测成本,首先要测算全球主要厂商的产品成本,不仅包括现在的成本,还包括过去的成本。为此,需要购买和拆解调查竞争对手的产品。有时也可以通过咨询主机厂获取线索。但不管怎样,收集、拆解、详细调查国内外竞争对手的产品,并预估产品成本并非易事。当然,这项工作还需投入精力和时间。

通过上述办法,用获取的数据绘图,纵轴为成本,横轴为时间(年),标出各个数据点,绘制出未来 8 年的成本推移预测曲线(以下简称成本曲线)。绘的点越多,成本曲线的可信度就越高。成本曲线显示的 8 年后的数值,就是竞争对手的预测成本了。但是,必须允许预测成本有一定的误差。决定误差要综合成本数据数量和经验等因素,一般推荐误差范围为20%~30%。

就此获取的"8 年后的预测成本",就是应设定的绝对领先成本的目标数值了。

成本曲线的示例

用一个简单易懂的示例演示一下上边介绍的办法吧。现在有 5 家竞争对手。调查发现,近几年成本由 180 日元降至目前的 130 日元,成本曲线显示 8 年后成本将降至 100 日元。引入预测误差 25%，可以得出设计目标为"75 日元"。

对比现在 130 日元的成本水平，成本目标必须设置得非常严苛。通过这个例子，想必读者朋友们可以充分理解"竞争对手 130 日元，所以自己的目标是 120 日元"这种想法是无法确保胜利的了吧。

现在就实现 8 年后的成本预测水平

就这样，考虑时间轴，将设计目标定在一个很有挑战性的水平。即便很难，我们也必须充分接受。那么，何时实现呢？当然，就是现在。8 年后实现的话，毫无意义。这是实现可以连续制胜的"绝对领先成本"的第一步。

1 测算全球主要厂商的产品成本

2 基于测算出的成本数据，得出"成本曲线"

3 根据成本曲线，设定绝对领先成本

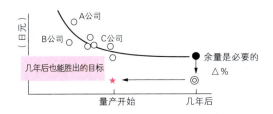

（资料来源：WORLDTECH）

图 3-27 ● 基于售价曲线，设定几年后也能胜山的成本目标

设计目标不容改变

至此，我们通过案例，介绍了设定绝对领先性能和绝对领先成本。设定"设计目标"，就是如此艰辛的工作。设计目标绝不是开发过程中因为竞争对手变化，就可以轻易改变的东西。

设计目标决定了客户是否会接受产品，进而决定了能否战胜竞争对手。

一旦定下设计目标，全体相关人员都会拼命努力达成目标。无论先行开发和后续的量产设计需要一年还是两年的时间，在开发过程中，都绝不可以变更设计目标。

反过来，为了防止陷入不得不变的境况，设定设计目标时，必须明确依据。"明确"的意思是，要展示**定量依据**。

设定设计目标，必须投入充足的时间。虽然产品的重要度不同，需要投入的时间也不同，但考虑到开发过程中变更目标的重大影响，投入一年半载来设定目标也不为过。

5.3 寻找技术瓶颈的解决方案

至此，我们找到了绝对领先性能和绝对领先成本。由于绝对领先目标高于以往水平，所以存在仅靠本部门现有基础技术无法解决的技术课题。这就是技术瓶颈。定下绝对领先目标之后，就需要寻找技术瓶颈的解决方案了。

寻找技术瓶颈的解决方案，其步骤如下。

【1】绝对领先性能的目标水平和实力水平之间存在很大差距。提取导致差距的全部**阻碍因素** [25]。

---

[25]　笔者详细介绍一下如何提取阻碍因素。对比式样 A 的实力水平 ╳，绝对领先目标是 ╳╳（图 3-C）。实力水平为 ╳ 是因为存在构成式样 A 的负面因素。如果消除或减弱负面因素，就可达到 ╳╳ 水平。而如果能将负面因素降至极限水平，或者完全消除，那么甚至可以达到潜在极限水平 L╳╳，超过目标水平。

换言之，造成现在实力水平 ╳ 与潜在极限水平 L╳╳ 存在差距的负面因素，就是"阻碍因素"。

阻碍因素由众多因子构成。潜在极限水平和实力水平的差距 Y 由 y1，y2，y3 等阻碍因素构成。如果完全消除 y1，y2，y3……，就能达到极限性能水平。然而，消除全部阻碍因素并不现实。如果减弱或消除其中几项阻碍因素，就可以达成绝对领先目标。

综上所述，达成绝对领先目标的工作步骤如下。

1 设定绝对领先目标

2 明确潜在极限目标水平

3 提取阻碍因素

4 突破阻碍因素

然后，分层细化阻碍因素。如图 3-D 所示，阻碍因素 y1 可能由 y11，y12，y13……构成。

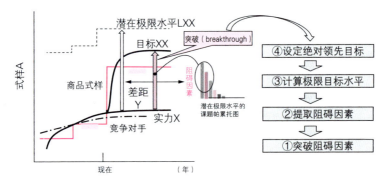

（资料来源：WORLDTECH）

图 3-C●突破目标和实力水平之间的阻碍因素

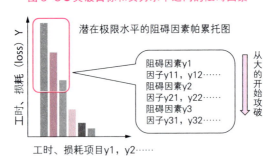

（资料来源：WORLDTECH）

图 3-D●阻碍因素分层构成

【2】 从找到的全部阻碍因素中，决定将性能从现在的实力水平提升至绝对领先水平时，需要解决的因素。

【3】 清除所选阻碍因素，**突破阻碍因素**。

即瓶颈技术可以定义为"突破阻碍因素的技术"。

寻找实现绝对领先性能和成本的技术瓶颈解决方案，包括了达成绝对领先目标的工作步骤。笔者按顺序进行说明。

【1】 寻找绝对领先性能的技术瓶颈解决方案

接下来的案例介绍了已知所需技术，但本部门不具备该技术时，如何寻找**绝对领先性能**的技术瓶颈解决方案（请参考第3章4.2.【2】：p.79）。当时的所需技术，即瓶颈技术是三维磁场分析技术。我们按照如下三个步骤，找到了技术解决方案。

（1）提取阻碍因素

在第3章5.2.【2】（p.109）中，我们**提取**了造成实力水平与绝对领先性能目标之间存在明显差距的**阻碍因素**（图3-D）。

·绝对领先性能 3mm

潜在极限检测性能5mm

现在的实力 1.5mm

·阻碍因素为

磁铁特性的波动 $y1$：$y1 = \sum y11+y12+y13+\cdots\cdots$

元件检测能力的波动 $y2 = \sum y21+y22+y23+\cdots\cdots$

元件和磁铁的温度特性导致的性能下降 $y3$

高转速区间的元件检测能力下降 y4

固定在壳体上的元件和磁铁位置的波动 y5

· 阻碍因素 Y 为 Y = $\sum$ yn（n = 1～5）= 潜在极限水平 5 - 实力 1.5mm

（2）选择需要突破的阻碍因素

我们从提取的阻碍因素中，选择可以将现有实力水平提升至绝对领先水平的因素（需要突破的阻碍因素）。

· 需要突破的阻碍因素 Z 为 Z = $\sum$ ynn = 绝对领先性能 3 - 实力 1.5mm

（ynn：磁铁特性的波动）

磁铁特性的波动 y11

元件检测能力的波动 y21

壳体结构调整 y51

（3）突破阻碍因素

找到了需要突破的阻碍因素 Z = $\sum$ ynn，接下来就要突破了，即寻找技术瓶颈的解决方案。首先，我们研讨了应对方针。

①制作多种试作品，缩小范围

②通过理论分析缩小范围，通过试作品进行验证

③包括验证在内，都通过理论分析进行

综合考虑三个选项的工时、效果以及所需周期之后，我们选择了方针②，即理论分析和试作品相结合。

然而，我们面临着一个大难题——公司没有三维磁场分析

工具，而且该分析工具价格昂贵。于是我们组建了**跨部门团队**（跨职能团队）。

具体做法是，我们组建了包括设计部门、专业分析部门、促进解析环境更加完善的责任部门在内的横跨三个部门的团队，通过反复讨论，详细分析了导入该分析工具，可以为公司带来什么益处。然后，说服负责采购的部门。即，通过与其他部门组建团队，解决了本部门无法解决的课题（图 3-28）。

就这样，我们找到了造成实力水平与绝对领先目标之间存在差距的阻碍因素，并通过跨职能团队，突破了阻碍因素。

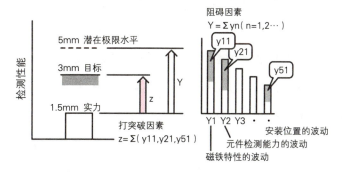

（资料来源：WORLDTECH）

图 3-28●突破阻碍因素（例）

【2】寻找绝对领先成本的技术瓶颈解决方案

接下来的案例介绍了已知技术难题，但不知用何种技术解决时，如何寻找**绝对领先成**本的技术瓶颈解决方案（请参考第 3 章 4.2.【2】：p. 79）。寻找解决方案的步骤如下。

（1）提取阻碍因素

调查其他公司的产品，在第 3 章 5.2.【2】（p.112）中，我们提取了造成实力水平与绝对领先成本目标存在明显差距的阻碍因素。我们收集并详细调查了全球的主要竞品。找到了高成本零件之后，我们发现无论哪家的产品，都相差不大。于是，我们转变成本研讨方针，从**功能层级**，而非"零件层级"进行分析。利用 VE（Value Engineering：价值工程），从功能层级出发，最终找到了成本上涨的原因，即阻碍因素。

最终，我们发现信号传输功能花费了大量成本。

（2）研讨功能集成技术

我们采取对比成功案例（请参考第 3 章 4.2.【2】：p.79）的方法，研讨功能集成技术。对比的成功案例是具有大规模成本削减效果的公司内部案例，通过电路板和固定壳体的一体化，将电路板功能集成在壳体上。

信号传输由众多功能构成，包括信号的转换、元件的固定、电路板的固定、对外传输等。基于成功案例，展开发散性思考，讨论如何将信号传输集成化。

（3）突破阻碍因素

为集成信号传输功能（**突破阻碍因素**），我们**广泛寻求全球技术**（图 3-29）。针对每项功能的构成因素，制作专业公司地图，邀请公司专业部门（生产技术部门）评价每家公司的构成技术，并制作**技术矩阵图**（matrix），寻找应对技术。

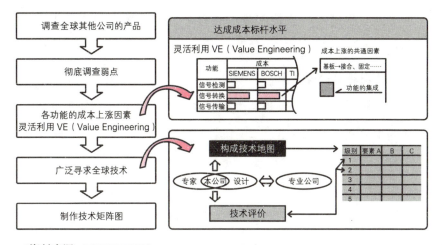

（资料来源：WORLDTECH）

图 3-29●广泛寻求全球技术

探索瓶颈技术（突破阻碍因素）时的必备认知

解决技术瓶颈，是应用新技术解决实力水平与绝对领先目标之间的巨大差距的工作。必须认识到要灵活思考，以及构建相应的工作体制。

在技术瓶颈为三维磁场分析技术的上述案例中，为了找到最适合的磁回路，我们引入了公司没有的三维磁场分析工具。并与分析部门组建团队，说服采购部门，最终得以实现。

此外，在寻找绝对领先成本的技术瓶颈解决方案的案例中，我们广泛向全球寻求技术，并与公司内部专业部门组建团队，最终找到了新技术。这两个案例的共同点是**团队活动**，和**谦虚学习外部门、外公司的案例的态度**。寻找技术解决方案，不是

121

一个人（本部门）就能实现的，需具备与其相符的四种工作态度。

①对现状保持怀疑

不被现有技术、设备、流程、常识所过度束缚[26]。摒弃先入为主的观念十分重要。

[26] 这是笔者很多年前的一段经历。读报纸时，笔者目光停留在了某段新闻上。新闻内容是，通过超声波，通知靠近的汽车"前方道路施工、车道变窄"的消息。超声波碰到汽车时，频率会产生变化，变成司机可以听到的声音。超声波直线发射，不会传递给周围其他车子和行人，所以不会产生噪声。那么，笔者的目光为什么会停留在这段新闻上呢？因为它超出了笔者的常规思维。

提醒过马路的行人，倒车时提醒车辆后方的行人，是汽车自动驾驶发展之路的课题之一。但不可以给无关行人带来噪声，所以难题在于只给有需要的特定人群发出提醒信息。

其实，笔者曾经思考过能否开发出类似的产品。在看到这篇报道之前，笔者没能跳出固有观念——提醒音源是"可听到的频率"，即笔者被常识困住了手脚。采用超声波音源，碰到被摄体后，变成可以听到的声音，这不正是思维的转换吗？改变思维方式，会飞跃性地拓宽技术的讨论界限。

②不惧风险

过度规避风险，会导致思路狭窄，无法向前一步。即使失败一两次，但坚信最后一定会成功的心态，非常重要。毋庸置疑，营造一个认可挑战失败的工作环境也十分必要。比如，虽然**挑战高目标**只实现了50%，但比起100%完成常规业务，依然赞扬前者的工作环境（请参考第3章4.2.【7】：p.95）。

③谦虚学习

谦虚学习外部门、外公司以及外行业的成功案例十分重要。

因为会带来新发现。

④引领者具有坚持到底的信念

在跨职能团队中，**引领者坚持到底的信念**至关重要，还应努力维持和提升成员的工作干劲。

Point▶先行开发的案例小节

案例包含了如下多项工作步骤：

【1】考虑全球市场的发展动向

【2】确保开发资源

【3】寻找现有产品的问题

【4】决定新产品的选择方针

【5】决定新产品［（1）选定对象系统的领域，（2）选定新产品］

【6】洞悉绝对领先产品的课题

【7】基于真正的需求，找到绝对领先性能

【8】通过对标，决定绝对领先成本

【9】寻找绝对领先性能的技术解决方案

【10】寻找绝对领先成本的技术解决方案

案例中涵盖了多种工作手法和管理方法：

①开发新产品，必须洞悉系统的变革期。

②平均每一位设计者的销售额是判断工作委外的标准。

---

③选择新产品，首选要找到以往开发中的"工作问题"，其手法之一是"对比成功案例"。

④寻找以往开发工作的问题，需要明确"管理原因"，其有效方法是"5why 分析法"。

⑤尽量"定量"把握上层系统的市场规模和未来发展可能性。即使不是自己的专业领域，也要积极收集信息，信息收集始于足下。

⑥"定量"预测系统构成零件（产品）的市场规模的手法是描绘"发展路径图"。

⑦把握竞争对手的弱点的方法是"全球对标"。

⑧从竞争产品的弱点出发，寻找绝对领先产品的"开发方针"时，"5why 分析法"十分有效。找到出现弱点的"管理原因"。

⑨站在"系统技术人员"的角度，明确"真正的需求"，工作方法是"组建跨职能团队"。

⑩设定"综合考虑时间轴的绝对领先成本目标"的手法是"成本曲线"。

⑪提取和突破"阻碍因素"方法是组建跨职能团队，"在全球范围内广泛开展技术调查"，导入所需技术。

挑战绝对领先产品的开发案例

接下来介绍一下挑战绝对领先产品的开发案例吧。案例有二，**成本减半**和**绝对领先开发速度**。

6.1 成本减半的案例：绝对领先产品，就在我们身边

接下来的案例介绍了一两枚硬币就能买下来的简单又便宜的产品，也能实现成本减半。具体产品是笔者曾经负责开发的测量发动机进气温度的传感器。

当时，全球多家公司生产这款传感器，共同瓜分了市场，产量稳定。然而，进入 20 世纪 90 年代后，日元汇率高涨，打破了稳定的价格形态，海外公司开启降价攻势。随着汽车产量的增加，进气温度传感器的需求也与日俱增。但受价格变化的影响，公司内部开始讨论退出计划。面对此境况，笔者并非顺其自然地临危受命，而是为突破困境，主动挑战绝对领先成本，开始了研发工作。工作流程如下（图 3-30）。

挑战全自动化安装

首先，通过**调查其他公司的产品**，我们了解到各家公司的

	步骤	实施内容
1	调查全球其他公司的 产品	调查结构差异
2	设定绝对领先目标	设定成本减半的目标
3	目标达成方针	零件数量减半，采用无须人工安装、全自动安装的结构
4	提取瓶颈	保证热敏电阻（thermistor，温度检测元件）与接线柱（terminal）连接部位的焊锡的安全受力系数。
5	寻找技术瓶颈的解决方案	树脂流体和热传导的理论分析，与试做品实验验证相结合。通过跨职能团队（CFT）解决问题。

（资料来源：WORLDTECH）

图 3-30 ● 进气温度传感器的成本减半流程

产品结构都基本相同，其结构如下。

· 热敏电阻（thermistor）与导线相连。

· 导线与接线柱（terminal）连接，变成接线柱总成。

· 接线柱总成安装在树脂连接件（connector）上，变成连接件总成。

· 连接件总成安装于树脂壳体上。

此基本结构不适合自动化安装。比如，导线细、刚性弱的位置和需要涂层等统一处理的位置不适合自动化。于是，我们开始讨论**全自动化安装的基本结构**（图3-31）。

首先，我们通过**VE**（Value Engineering：价值工程）提升导线的刚性。导线与接线柱是分开的两个零件，在过去这是基本**常识**。两个零件需承担的功能是传递热敏电阻的信号。于是，我们聚焦于此功能，**让接线柱承担导线的功能**，废除了导线。

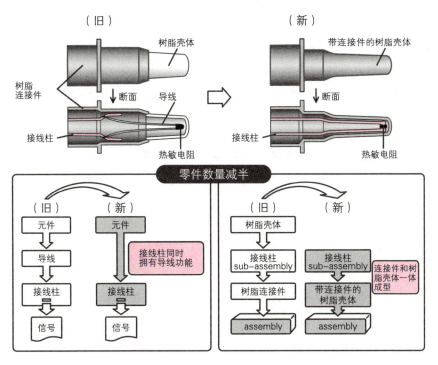

（资料来源：WORLDTECH）

图 3-31●不被常识束缚，展开发散性思考，实现零件数量减半

加长接线柱，采取焊锡的方式，与热敏电阻相连。以此，通过废除导线，提升刚性，向实现全自动化迈出了一大步。

这种做法颠覆了信号传输、导线先行的"常识"。

通过跨职能团队，突破技术瓶颈

我们还挑战了另一个颠覆常识的设计。通过插入成型，使通过上述方法保证刚性的接线柱总成实现一次成型。

通常做法是，首先制造承载热敏电阻的树脂壳体，然后将零件总成安装于壳体之上。笔者转换思路，将零件总成放在树脂成型模具中，使树脂壳体与连接件一次树脂成型（**插入成型**）。然后将此工序导入生产线，实现生产线的全自动化。

但存在技术瓶颈，即树脂成型时，高温熔融树脂带给热敏电阻、接线柱的**焊锡部位的热量和应力处理**问题。尤其是焊锡的应力能力差，必须让焊锡具有一定强度。此外，即使是无强度的焊锡设计，也要彻底明确焊锡受力的安全系数。尤其是在高温环境下，这种分析更加必要。

为解决此技术瓶颈，我们与专家部门组建了**跨职能团队**。成员包括焊锡、树脂成型、树脂成型流体分析和热分析的专家们，以及量产工程的生产技术人员和试做部门的技术人员等。通过不同领域专家参与的跨职能团队，我们成功导入了当时最新的树脂成型流体分析，模拟分析了成型时焊锡部位所受的热量和应力。我们具体研讨了可以减弱焊接部位受力的形状和焊锡材料，通过模拟分析，缩小范围，然后制作试做件，进行验证。最终，找到了可以承受插入成型的焊锡接合部位的设计方案（图3-32）。

就这样，我们实现了进气温度传感器的全自动化，达成了绝对领先的成本目标——成本减半。

进气温度传感器是个构成件少、结构简单的产品，即便这样，只要突破常识，勇于挑战，也会获得大大的成果。怀疑常

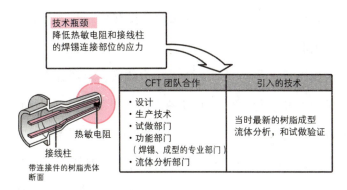

（资料来源：WORLDTECH）

图 3-32●通过跨职能团队引入新技术

识，深入思考，并向前一步是非常重要的。这样就可以向绝对领先产品靠近了。

6.2 以绝对领先速度进行开发的案例

此外，**绝对领先开发速度**的案例是，以几乎无人能及的超短周期，开发新产品的案例。具体产品是防抱死制动系统（Anti-lock Brake System，ABS）。笔者从实际负责开发的设计人员那里获取了具体信息。

事情的契机是汽车主机厂前来打探能否开发。本来那家公司没有涉足制动领域，但由于当时正处于开拓新领域的关键时期，他们决定开始开发 ABS。

最大的难题是开发周期极其有限。距离计划搭载的新车下线，仅剩 1 年半的时间，而且研发环境并不完备。既无技术知识和诀窍，也没人手，开发主要人员仅有数人，完全是"一穷二白"的状态。

对比先行开发的七个必备设计力要素，此项开发缺少第2项技术知识和诀窍，第3项各种工具，以及第4项人和组织，或者说这三项并不充分。因此，必须快速完备这些要素。

于是，为确保这些设计力要素，首先采取的方法是与全球顶尖企业进行技术合作，以获得第2项设计力要素——技术知识和诀窍。在导入技术之前，他们彻底调查了那家公司的产品性能和结构，快速全面地了解即将导入的技术信息。

此外，为尽快提高技术能力，他们与客户主机厂互派技术人员。不只向客户输送技术人员，还接收客户公司的技术人员。通过这种方式，客户得以深入理解电子控制技术，本公司的开发团队也加深了对制动基础信息的理解。最终，技术能力急剧提升。

而且，这还使得信息的及时交换变成了可能。在公司里花时间制作报告，再向顾客汇报，然后带着顾客提出的作业回到公司，讨论后再向客户汇报结果，新的方式节省了上述传统方式的时间，提升了开发速度。最终大幅提升了信息传递和课题应对的速度，迅速提升了技术能力。

然后是第3项设计力要素——各种工具。在实验室方面，项目组努力争取到了公司旧厂房里的空房间。但问题在于评价设备。引入评价设备需要资金，最大的瓶颈是设备制作周期。

从决定式样，到准备生产，再到最后安装设备，配置实验设备非常耗时。即使是简单的装备，花个半年时间也不稀奇。而产品距离量产仅剩 1 年半的时间，在这种紧迫的情况下，花半年时间制作实验设备，无疑不在讨论范围之内。

为跨越这个难题，项目组摸索到了省掉设备准备时间的办法。那就是灵活利用实车。在那之前，有采用过发动机台架试验，但还从未用实车评价过零件。而他们不被常识所缚，用实车做评价工具。

效果立现！用实车评价，可以站在用户角度进行评价，从整车角度把握客户需求，从而以明确的依据来设定设计目标。而且，既可以短时间内拿到车子（评价设备），又比专用设备便宜。可谓是综合各个方面，都是最有益的方法。

关于第 4 项设计力要素——人与组织，研发开始之初仅有数人，当初的当务之急就是加强人力。于是，他们首先采取的行动是让公司领导理解"安全领域才是今后的大势所趋"。最终，公司领导直接与研发成员的交流机会变多，成员们的士气高涨。这对提升开发效率、提高开发速度，起到了事半功倍的效果。研发主要人员陆续增多变强，迅速保证了开发体制。

通过提高技术和信息的传递速度，尽早建立开发体制，他们实现了绝对领先的开发速度，最终让客户满意（图 3-33）。

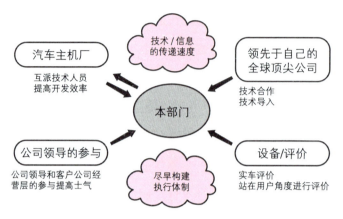

（资料来源：WORLDTECH）

图 3-33●实现绝对领先开发速度的工作方法

第 **4** 章

实现"120%"的品质的量产设计工作

在第 3 章，笔者介绍了"先行开发"如何以压倒性优势打败竞争对手，实现"绝对领先目标"。即，为产品设定绝对领先目标，寻找技术瓶颈的解决方案，从而确保自己强于竞争对手的优势。然而，这种水平的产品还不能投放到市场。如第 2 章所述，必须通过后续的量产设计，将产品品质提高到可以经受市场考验的水平。

能经受市场考验的水平，意味着"起因于设计的**市场抱怨**为零[*1]""客户方不良为零""工程内不良为零"。换言之，在量产设计阶段，需努力保证即使生产 100 万个产品，也不出现 1 个不良。在第 4 章，笔者将介绍**量产设计**阶段的工作。

*1 市场不良为零指在 X 年×Y 万 km 内，重大致命故障为零，其他故障在目标故障率（○ppm）之下。

品质不良是长久存在
又不断出新的课题

品质不良是个长久存在又不断出新的课题。那么，品质问题每年呈递减趋势吗？让我们以汽车零件为例思考一下吧。

1.1 汽车零件的环境压力很大

实际上，汽车零件的使用环境很严酷。既有冷如北极圈的极寒之地，又有热似沙漠的酷暑之地，还有道路漫水、类似渡河的使用场景。汽车暴露在各种各样的环境之下，承受着多种多样的**压力**。以笔者的经验来看，发动机舱温度可以达到120℃，变速箱内部温度可以达到150℃。设计动力总成零件时，必须考虑到振动水平可能达到294m/sec^2。此外，还有融雪盐带来的盐害，电噪声以及电磁兼容（EMC）等，汽车的使用环境一直很残酷。

从笔者的经验来看，超过100℃后，每提升10℃，设计难度将呈2次方、3次方激变，难度曲线急剧上升（图4-1）。

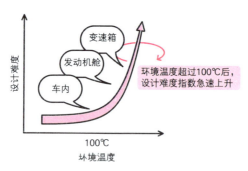

（资料来源：WORLDTECH）

图4-1●环境温度与设计难度

环境压力不仅指强度，还有时间，即**累积压力**。市场上有跑了20年还在行驶的车子。汽车长期暴露在严苛的使用环境之下[2]。正因为汽车的累积压力无比残酷，开发设计工作才十分困难。

*2 考虑市场情况，汽车零件增加了设计目标保障时长。最近有声音提出保证"20年×30万km"。

为避免在市场上发生故障，防患于未然，我们用试作品和量产试作品模拟使用环境，实施各种各样的评价试验[*3]，即加速试验[*4]。在**加速试验**中，必须设置与市场环境强相关的试验条件。然而，提高相关性并不简单，试验条件是一步步进化而来的[*5]。

*3 整顿好量产生产线后，在正式开始生产前，制作产品，评价完成度，这就是量产试做。
*4 在开发设计工作中，"没什么比市场更好的评价方法了"。然而，在市场上实际完成设计目标"20年×30万km"的评价，再向市场推出产品的做法并不现实。所以，要设定与市场使用环境强相关的试验条件，然后实施评价，这就是加速试验。
*5 例如，冷热循环次数不断被改为10的1次方、2次方、3次方，振动试验条件从单一的正弦振动，进化成温度、湿度与随机振动的组合条件了。

在第2章介绍的雨滴感应式雨刮系统（AWS）的雨量传感器的评价工作中，我们为求雨而到处奔走。但最近，已经出现了可以再现降雨状态的试验室了。而今后，为不断提高试验条件与市场环境的相关性，相信评价设备会进一步高精化发展。

实施各种评价，提前找到问题，规避市场不良。目标是实现重大致命故障为零，且在X年×Y万km内，其他故障在目标故障率（〇ppm）以下。然而，即使我们拼命努力，依旧无法消除品质不良。无法避免品质不良的发生，这就是制造业面临的现实。

1.2 一朝召回，公司倾覆

那么，现在的品质不良现状如何呢？品质不良发生于三个阶段：【1】本公司工程内产生的工程不良，【2】客户发现的客户方不良，【3】终端用户和市场的抱怨。无论是哪个阶段发生的品质不良，善后工作都十分不易。其中，市场抱怨发生于复杂多样的使用环境中，所以处理起来非常困难。而在市场抱怨中，坚决要避免的是紧急换件（**召回**Recall[*6]）。

*6 **召回（制度）** 设计、制造过程中存在问题，导致不符合安全和环境要求（或有逐渐不符合要求的风险）时，汽车主机厂基于自身判断，提前向国土交通省申报，然后进行车辆回收和修理，将事故防患于未然的制度。具体对象为导致重大致命事故、违反排放法规、违反油耗法规等的车辆。

一旦发生召回事件，将给公司和部门带来无法估量的后果。其中，尤其可能产生的巨大后果有两种。一种是花费巨额对策费用。虽然费用规模取决于召回台数，但存在品质不良风险的所有产品批次，都必须换成对策后的产品。召回量大时，花费几百亿日元也不稀奇。曾有过报道称，"召回数量1亿个，花费1亿日元处理"。根据责任比例，对策费用由汽车主机厂和零件供应商共同承担。如果是专业零件供应商的话，将负有更大的责任。可能存在零件供应商承担不了的情况。即一旦召回，公司将可能倾覆。

另一种后果是召回的部门疲于应对。一旦出于设计原因发生召回，该设计部门就必须负责对策。而在实施对策前，设计部门需进行很多工作，明确品质不良的现象，制定临时对策，再现不良问题，把握真正原因，最后实施根本对策。

其中很难的是，把握**真正原因**。明确品质不良发生的原因，必须再现市场上发生的品质问题，但再现工作并不容易。需结合市场的发生情况，推测原因，然后设定评价条件，进行再现试验。然而，并不一定马上就能再现问题现象，有时需要几个月。

成功再现品质不良现象，找到问题原因之后，就要决定根本对策了。然后，生产导入根本对策的零件，在品质问题的再现条件下，实施评价。如果验证结果显示不会发生品质问题，才终于可以变更设计，实施**根本对策**。

综上所述，实施根本对策必须遵循一定的工作步骤，需要一定的时间。当然，在此期间，会引入临时对策，例如甄选零件特性。让人生畏的是，制造现场的不良产品日积月累、堆积成山，而生产现场又不能表露出自己身心俱疲。

1.3 单纯依靠技术，召回并不会减少

图 4-2 是申报到国土交通省的召回数量的推移情况。从图中我们可以发现，10 年间的召回数量并没多大变化，每年在

200~300 件之间推移。

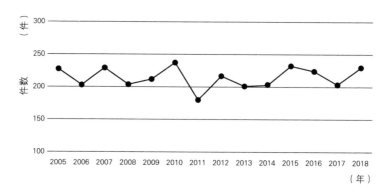

（WORLDTECH 基于国土交通省的资料作成）

图 4-2●汽车（国产车）的召回申报数量

技术显著进步，然而**召回**数量却呈持平状态，想必有人会对此感到不可思议吧。现今科学技术高度发展，例如，小行星探测器"隼鸟 2 号"用 3 年半的时间，行驶三亿千米，到达火星附近的直径仅有 900m 的岩石上，采取岩石标本，并计划于2020 年后半年携带岩石标本回到地球。科技发展如此显著，甚至让人觉得造物领域已无所不能了。

然而，我们并没有看到召回数量呈减少趋势。这项反映了日本代表产业——汽车行业**品质水平**的指标在几年间并没减少。即使开发工具、生产技术、各种各样的构成技术不断进化，而且陆续开发出功能和强度大幅提升的材料，召回件数也并没有减少。

笔者得益于工作原因，能够与多家公司接触。在交流中，我感触颇深的是，相比于 10 年前，现在的品质指标并没有如我们想象的那样改善很多，工程内不良、客户方不良以及市场抱怨并没减少。当然，各家公司都引入了新技术，开发出了功能更优、结构更复杂、附加功能更强的产品和零件。为避免陷入"十年如一日"的境况中，各家公司都在不断努力向前。然而，品质问题的烦恼，跟 10 年前相比，并没什么两样。

这一事实透露着一个重要的真相。即，技术进步，品质问题并不一定就会变少。可以说，"减少品质不良，提升技术就行了"的主张是错误的。技术是减少品质不良的**必要条件**，却不是**充分条件**。

而第 4 章介绍的就是其充分条件。

> **Point▶**减少品质不良，技术是必要条件，不是充分条件。

1.4 品质不良中，源于设计阶段的问题居多

图4-3 将汽车召回的原因分成设计原因和制造原因。观察此图可以发现，几乎在每年发生的召回事件中，设计原因都是制造原因的两倍左右。在汽车召回的案件中，设计原因占绝对数量。

其实企业也发现了设计原因多于制造原因的问题。为什么设计原因居多呢？各家企业所处的情况不同，原因也各不相同。

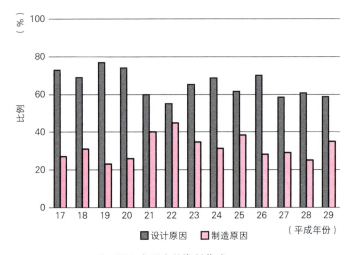

（WORLDTECH 基于国土交通省的资料作成）

图 4-3●汽车召回中设计原因与制造原因的对比

但我们可以这样思考。

虽然从事设计工作的人和从事制造工作的人一样拼命工作，从结果而言，源于设计阶段的品质问题还是会更多。10 年间召回数量几乎不变，设计原因一直是制造原因的两倍左右，这一事实揭示了在造物工作中，设计阶段的工作发挥着重大影响力，所以该阶段导致的品质不良自然也就更多。

但是，我们必须减少品质不良，即必须强化量产设计阶段的工作。

Point▶在品质不良问题中，通常源于设计阶段的问题居多，因此，必须强化量产设计阶段的工作。

2　减少品质不良，不能犯相同错误

询问发生过**品质不良**的企业，"重复相同错误的品质问题（再犯的问题）"多，还是"没有经历过的品质问题（第一次碰到的故障）"多。多数公司的答案都是前者（重复相同错误的品质问题）。可以说历史越悠久的公司，该倾向越严重。可是，出现品质问题，明明会留下痛苦的记忆，但令人意外的是，其实降低品质不良的工作方法很简单。

防止品质问题，最有效的方法是反省过去。而反省过去，其实并不是那么容易的工作。

一发生品质不良，马上会产生负面印象，这自不用说。但是，即便是严重的品质问题，随着时间的推移，三五年之后，负面记忆也会逐渐淡化。而如果问题发生在外部门、其他事业部、关联的集团公司，与自己部门距离越远，负面记忆就会越模糊。由于时间的作用，以及并非与本部门直接相关的品质问题，无论是多么严重的问题，都会被埋藏在记忆的边缘。

创业早的公司，因其历史悠久，过去的失败案例应该更多。如果什么都不做，很多品质问题将被封存在公司的历史长河中。这种情况下，很容易重复发生相同原因的品质问题。

毋庸置疑，为防止忘掉过去的失败经验，各家公司都在工作机制上下了不少功夫。例如，将过去的失败案例总结到数据库中，或召开学习会等（此内容将在第4章4.2.【2】：p.166中进行论述）。但即使我们从过去的失败中获得经验教训，也并不能轻松预防相同失败的发生。因为，我们很难分辨过去的经验教训，是否与现在进行的每一项设计工作有关系。

　　换言之，<u>将过去的经验教训与现在的设计联系起来是很难的</u>。从过去的品质问题中获取知识，并不等于能够应用到现在的设计中【Example 1】。

Example 1 大约在10年前，曾发生过汽车油门踏板难以回位的召回事件。油门踏板的位置采用了踩得越深、力量越重（需用更大的踏力）的结构（图4-A）。具体结构为，踏板踩得越深，零件的凸出部位进入内凹部位就越多，阻力就越大，而松开踏板时，凸出部位会从内凹部位脱开。但是，从某个时间点开始，就很难脱开了。原因是凸出和内凹两个零件是树脂材料。一踩踏板，凸出和内凹零件的接触面就会产生摩擦，接触面逐渐被抛光。然后，抛光的接触面结露，附着水珠，使得抛光的两个接触面之间形成水膜，导致脱开时，阻力增加。换言之，由于水的表面张力，油门踏板变得难以归位。在玻璃表面滴水，再叠放一块玻璃后，水滴漫延成水膜，两块玻璃变得难以分开，油门踏板的设计没能活用此经验。因此，我们可以得出，此召回事件没有将镜面与水滴组合时阻力增加的知识，与自己的设计联系起来。

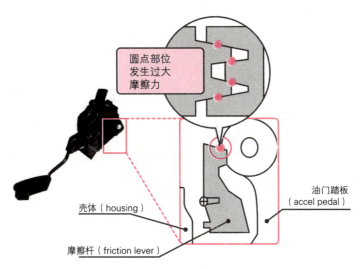

圆点部位
发生过大
摩擦力

油门踏板
（accel pedal）

壳体（housing）

摩擦杆（friction lever）

【WORLDTECH 基于"连锁不良"（日经 BP）作成】

图 4-A●油门踏板的召回事件

即使产品不同，故障现象也不同，但很多时候原因是相同的。然而，一旦产品和故障现象不同，就很难将过去的经验教训联系到现在的设计中去了。

Point▶即使从过去的品质不良中获得了经验教训，也很难将其联系到现在的设计中。

3 FMEA 的局限

品质管理手法中有一项是**FMEA**（Failure Mode and Effect Analysis：失效模式和影响分析）。这项工具的目的是将品质不良防患于未然[*7]。

> [*7] FMEA 工作表（Work sheet）如图 4-B 所示。工作栏从左到右依次为①对象零件（部位），②变更点，③功能（职能），④故障模式（故障状态），⑤对顾客的影响，⑥故障原因，⑦发生频率，⑧设计处理等。预防品质问题的讨论对象为产品（总装件）时，零件栏中需要记录所有构成件（部位），然后分零件，从左到右填写故障模式等内容。关键点是能否毫无遗漏地记录所有故障模式、故障原因以及设计处理。

FMEA WORK SHEET

产品名称	制作者：	参加成员：	No.：
零件编号			制作日期
			修改日期

| No. | 构成件的名称 ① | 变更点与变更内容 ② | 零件的功能 ③ | 变更带来的功能问题、商品性欠缺（故障模式）④ | 问题的影响 | | 功能问题、商品性欠缺的原因（故障原因）⑥ | 发生频率 ⑦ | 重要性 ⑧ | 反馈给设计（设计对策方法） | | 反馈给评价/品质确认 | | | |
| | | | | | 系统 ⑤ | 整车 | | | | 期限 | 担当 | 必要的评价/确认项目 | 重要度 | 期限 | 担当 |

仅靠FMEA，并不能消除不良

（资料来源：WORLDTECH）

图 4-B ● FMEA 的概要

那么，如果我们应用 FMEA，可以预防上文【Example 1】中的油门踏板品质问题吗？要成功防止此问题，必须在 FMEA 的工作表中记录以下内容。

· 对象零件栏：凸出和内凹零件的咬合部位 [*8]。

· 故障模式：凸出和内凹零件的咬合部位难以脱开。

· 故障原因：凸出和内凹零件的咬合面由于相互摩擦而被抛光，抛光的咬合面之间一旦结露、附着水珠，将由于水膜的表面张力，阻力变大。

· 设计处理：比如，如果水膜导致增加的最大阻力为○N (牛顿)，其他因素（变形等）导致的增加阻力为△N，设置□□功能，使得即使有合计（○+△）N 的增加阻力，也能顺利脱开。保证安全系数 α。

[*8] 应注意零件和零件的接合部位、接触部位也要作为一个零件考虑。

但实际上，在原因栏的位置，很容易想到混入异物和摩擦粉末、变形、热胀冷缩、尺寸不良等原因。但很难想到结露 [*9]。如果原因栏中没有结露，设计处理栏中就不会写如何处理结露的影响，就会将没有导入结露对策的产品投放到市场。

综上所述，单纯靠记录 FMEA 工作表，很难回想起过去的经验教训。而将其应用到现在的设计中，则难上加难。这就是 FMEA 的局限。整理发现的问题，或通过记录，明确模糊的知识点时，FMEA 是有效的。但是，不能期待 FMEA 帮我们回想忘记的知识点，即使想起来了，也很难与现在的设计联系起来。

✲9　迄今为止，笔者曾问过上千名技术人员这起加油踏板品质不良的原因，然而还没人说过是因为结露。

那么该怎么办呢？这不是一两个工具就能解决的问题，需要个人和部门的综合能力。

> **Point▶**FMEA 中可以记录已发现和已知的问题，却很难记录没发现和未知的问题。可以说这就是 FMEA 的局限。

4　量产设计的七个设计力要素

量产设计是获取客户信赖的工作，努力实现"工程内不良为零"、"客户方不良为零"以及"市场抱怨率低于目标值（重大致命事故为零）"（以下简称"达成**'120%'的品质**"）。上一节介绍了这不是一两个工具就能解决的问题，需要个人和部门的综合能力。此综合能力，就是本章节论述的"**量产设计阶段的设计力**"。

4.1 设计力的前提条件

在第 3 章 4.1（p.62）中，笔者介绍了提高成果水平的**前提条件**[*10]。该前提条件通用于所有工作。

*10 前提条件可以通过 "V" 字模型表示（第 3 章图 3-10）

·工作 "目标" 明确。

·有实现工作目标的 "工作步骤"。

·具备按照工作步骤开展工作的 "良好的工作环境"（有了工作步骤，具备了良好的工作环境，自然就可以期待一个好结果）。

·判断正确与否的 "判断标准"。

·有对比工作结果与判断标准，进行 "研讨/讨论和审议/裁决" 的场合（如果无法马上判断结果是正确的，上司会要求做进一步的说明，然后大家交流意见，进行讨论。获得大家的同意后，就可决策了。）

具备了前提条件，就很可能避免品质不良，获得成果。将前提条件转换到量产设计中，就是量产设计阶段的设计力。

具体来说，目标是达成**"120%" 的品质**。工作步骤是量产设计的流程。良好的工作环境指技术知识和诀窍，量产设计所需的各种工具，以及人和组织。判断标准是设计标准和评价条件等。讨论指设计评审（Design Review，DR），裁决是决议会。

包括前提条件在内的量产设计的设计力

量产设计阶段的设计力由以下七要素（七个设计力要素）构成。

①量产设计的流程

②技术知识和诀窍

③各种工具

④人与组织

⑤判断标准

⑥设计评审（DR）和决议会

⑦风土/土壤

在①~⑥设计力要素之外，还必须具备一丝不苟地展开量产设计的职场风土和土壤。这就是⑦项设计力要素（图4-4）。

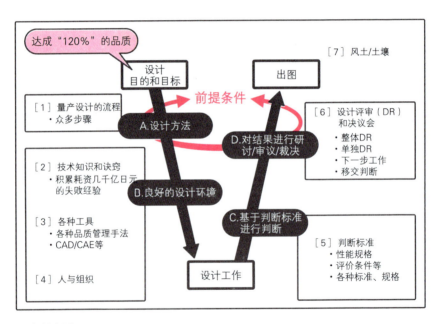

（资料来源：WORLDTECH）

图4-4●量产设计的七个设计力要素

Point▶彻底做好量产设计的设计力由七个要素构成。

4.2 七个设计力要素

接下来，笔者按顺序介绍一下上文所述的量产设计阶段的**七个设计力要素**。

【1】 量产设计的流程（第 1 个设计力要素）

在量产设计的七个设计力要素中，第 1 个就是**量产设计的流程**。量产设计的流程必须详细规定其构成步骤。因为，工作人员倾尽全力做好自己的工作就已经很难了，如果还要同时思考每个步骤和顺序，很可能会漏掉一些工作，或弄错顺序。

设定并执行设计流程时，有如下四个重点。

（1）量产设计的流程由基本流程、应用辅助工具的辅助流程，以及管理流程构成。

（2）量产设计的流程根据产品管理级别而区分轻重缓急。

（3）指定管理级别，必须依靠重量级人物（权威）。

（4）通过新产品管理表，跟踪基于管理级别而设定的量产设计的流程。

接下来按顺序解释一下。

（1）量产设计的流程由三组构成

量产设计的流程由近 40 个步骤构成，可以分成以下三个组。

①第 1 组：量产设计中不可或缺的骨骼步骤群组（图 4-5）

②第 2 组：提高第 1 组工作质量的步骤群组（图 4-6）

③第 3 组：研讨、讨论以及审议、裁决第 1 组和第 2 组成果的步骤群组（图 4-7）

构成各组的工作步骤如下所示。

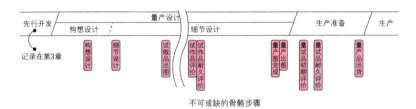

（资料来源：WORLDTECH）

图 4-5●量产设计的流程　第 1 组

辅助第 1 组的工作

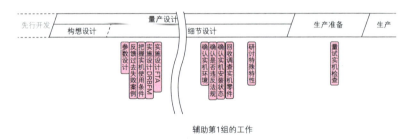

（资料来源：WORLDTECH）

图 4-6●量产设计的流程　第 2 组

管理第 1、2 组结果的工作

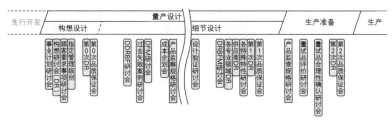

管理第1、2组结果的工作

（资料来源：WORLDTECH）

图 4-7 ● 量产设计的流程　第 3 组

第 1 组

第 1 组是量产设计中不可或缺的骨骼步骤的群组。

①构想设计（请参考第 4 章 7.2：p. 261）

②细节设计（请参考第 4 章 7.3：p. 263）

③完成试做图纸

④准备试作品

⑤评价试作品（请参考第 4 章 7.5：p. 269）

⑥完成量产图纸（关于试做图纸和量产图纸的区别，请参考第 2 章 1：p. 16）

⑦量产图纸出图

第 1 组是为输出量产图纸服务的**基本流程**。通过构想设计，进行粗略研讨，通过细节设计，明确定量的安全系数和余量。如果试作品的初期性能和耐久性能验证结果皆达成设计目标，

153

就可以将试做图纸转换成量产图纸，提交给下一工程了。

其实，只有第1组的工作步骤，也能输出量产图纸。但是从经验来看，只实施这些工作步骤就出图，会产生大量品质不良，远远达不成"120%"的品质，导致失去客户的信赖。

在第2章中，笔者论述到图纸是信息的传递手段，绝不允许信息有误。而防止图纸信息有误，就是第2组和第3组的工作。

第2组

第2组是提升第1组工作质量的步骤群组。

①设计参数

②回顾过去的失败案例（请参考第4章4.2.【2】：p.166）

③把握使用环境（请参考第4章6.2.【1】：p.249）

④设计 FMEA 或 DRBFM（Design Review Based on Failure Mode）（请参考第5章3：p.279）

⑤设计 FTA（Fault Tree Analysis：故障树分析）（请参考第4章7.4：p.265）

⑥判断是否违反法规

⑦确认上层系统的安装状态（请参考第4章4.2.【6】：p.206）

⑧回收调查上层系统的试验品

⑨指定特殊特性（请参考第4章7.4：p.265）

第2组是提升第1组工作质量、应用辅助工具的**辅助流程**。

通过设计参数，提高鲁棒性。回顾过往的失败教训，并反映到本次设计中。通过 DRBFM，减少设计漏洞。通过 FTA，从设计上避免品质不良的最上方（top）事件（绝不可以发生的现象）。通过指定特殊特性，决定图纸的重点管理项目。然后，为预防劣化品质不良，调查市场环境压力。调查客户的安装工程，确认产品是否与其他零件产生干涉。综上所述，活用 DRBFM 等辅助工具，提高（辅助）第 1 组工作质量，就是第 2 组的工作。

第 3 组

第 3 组是研讨、讨论、审议、裁决第 1、2 组工作结果的步骤群组。

①·事业计划研讨会

②○客户要求事项决议会

③·构想研讨会

④◇第 1 次 DR（Design Review）

⑤◎第 1 次决议会

⑥·过往麻烦（trouble）研讨会

⑦·DFM（Design for Manufacturing：可制造性设计）研讨会

⑧·DRBFM 研讨会

⑨○成本企划会

⑩·产品监查规格研讨会

⑪·专业领域研讨会

⑫·设计验证研讨会

⑬·供应商 DR

⑭·特殊特性研讨会

⑮◇第 2 次 DR

⑯◎第 2 次决议会

⑰·产品监查规格研讨会

⑱·量试（量产试做）结果研讨会

⑲·量试品合理性确认研讨会

⑳◇第 3 次 DR

㉑◎第 3 次决议会

"·"代表单独 DR,"◇"代表节点 DR,"○"代表单独决议会,"◎"代表节点决议会。第 4 章 4.2.【6】（p.198）将详细介绍每个 DR 和决议会。

第 3 组是研讨/讨论以及审议/裁决第 1、2 组工作结果的**管理流程**。在讨论的场合，有意识地不做判断，将讨论和决策区分开来是非常重要的。详细内容将在第 4 章 4.2.【6】（p.198）中展开。在设计工作的大型节点和单独设计工作的小型节点，要区分讨论会和决议会。在项目大型节点中，从构想设计转移至细节设计时，组合召开第 1 次 DR 和决议会，在细节设计结束、向下一工程输出量产图纸前，召开第 2 次 DR 和决议会。第 3 次 DR 位于量产试做转移至量产开始的节点，为判断可否出货，召开 DR 和决议会。

MEMO. **不可或缺的基本流程、辅助流程、管理流程**

上节介绍了量产设计由三组流程构成，即基本流程、应用辅助工具的辅助流程，以及管理流程。即使设计流程不同，也必须是这三组流程的组合。

不仅是设计工作，对于很多工作而言，这三组流程都是工作的基本。通常，没有此流程就没有成果、起着骨骼作用的基本流程，提高基本流程的工作质量的、应用辅助工具的辅助流程，讨论并决议基本流程和辅助流程工作结果的管理流程，很多工作都要组合实施这三组流程（图4-C）。

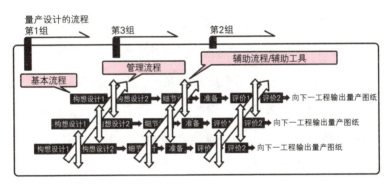

（资料来源：WORLDTECH）

图 4-C● 基本、辅助、管理三组流程

Point▶ 量产设计的流程由不可或缺的基本流程、应用辅助工具提升基本流程工作质量的辅助流程、讨论并决议基本流程和辅助流程工作成果的管理流程构成。

（2）根据产品的新颖性，调整量产设计的流程

关于前文介绍的量产设计的流程，并非每次都必须执行全部步骤。根据产品可能引起品质不良的风险，调整流程是非常重要的。

彻底做好量产设计流程的所有步骤是很不容易的。比如，一周完成一个步骤，也要花费一年时间，如果麻烦的话，就要两年了。因此，最好提前设定管理级别，区分实施全部流程的产品和没必要实施全部流程的产品。

①设定管理级别

根据对象产品可能发生品质不良的风险，进行分级。分级时，不仅要考虑产品本身，还要考虑产品所处的环境和制造条件。

即使产品本身没有那么高的新颖性，但如果环境有变，比如第一次投放到海外市场，或遇到首次供货的客户，发生品质不良的风险就会升高。如果发生产量翻倍等制造条件的变化，品质问题的风险也会增加。

结合产品、环境、制造三个要素，考虑发生品质不良的风险，区分级别（后文称为**管理级别**）[11]。分为"S级""A级""B级""C级"四级。

---

[11] 下边的例子展示了四个管理级别的判断标准。
（i）S级的判断标准如下。
·环境：新车或重点车，全新改款车，市场从国内转向国外，搭载位置从车内变成发动机，新客户。
·产品：新方式，新结构，公司首款产品，变更规模极大[12]。

158

·制造：新工艺，产量非常大，设备投资额高（高于 X 亿日元）。

（ii）A 级的判断标准如下。

·环境：系统变更规模次于 S 级别，产品向其他系统扩大采用（变化大）。

·产品：使用全新材料，功能/性能/结构变化，采用全新零件。

·生产：全新设备，生产工厂转移，产量次于 S 级别。

（iii）B 级的判断标准是，变更规模次于 A 级。

（iv）C 级的判断标准是，无环境变化，产品和制造的变化都很小。例如，取消名字标牌，改成激光印字这样的小变化。

＊12 这是车载产品的管理级别对应的产品变更规模，即产品新颖性。各管理级别对应的类别如下。

S 级：革命性产品、划时代产品

A 级：划时代产品，下一代产品

B 级：下一代产品，类似产品

C 级：类似产品

而革命性产品等各类产品的区分规则如下。

·革命性产品：至今为止，从未出现过的产品

·划时代产品：功能、性能、方式等连升两级的产品

·下一代产品：功能和性能有所提升，实现小型化和成本削减的产品

·类似产品：为扩大采用车型，而发生小规模变更的产品

区分好新产品的管理级别之后，接下来就是制定规则了，即根据管理级别，规定实施量产设计的全部流程，还是只实施一部分。

②规定适合不同管理级别的流程

接下来介绍上述四个管理级别对应的量产设计的流程。量产设计的流程有众多类属于管理流程的 DR 和决议会。将 DR 和决议会与管理级别结合起来，根据管理级别，规定是否实施所有 DR 和决议会的话，量产设计的工作就能分出轻重缓急了。图4-8 展示了管理级别与节点 DR 和决议会的关系。

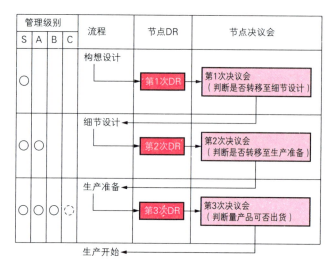

（资料来源：WORLDTECH）

图 4-8 ●根据管理级别，区分量产设计的流程

S 级实施第 1、2、3 次节点 DR 和决议会

管理级别为 S 级的管理流程如下。

事业计划研讨会→客户要求事项决议会→构想研讨会→第 1 次 DR→第 1 次决议会→过往麻烦研讨会→DFM 研讨会→DRBFM 研讨会→成本企划会→产品监查规格研讨会→专业领域研讨会→设计验证研讨会→供应商 DR→特殊特性研讨会→第 2 次 DR→第 2 次决议会→产品监查规格研讨会→量试结果研讨会→量试品合理性确认结果研讨会→供应商 DR→第 3 次 DR→第 3 次决议会（→第 4 次 DR→第 4 次品质保证会）。

开始生产后，如果有问题，召开第 4 次 DR 和第 4 次品质保证会。

A 级实施第 2、3 次节点 DR 和决议会

管理级别为 A 级的管理流程如下。

客户要求事项决议会→过往麻烦研讨会→DFM 研讨会→DRBFM 研讨会→成本企划会→产品监查规格研讨会（→专业领域研讨会）→设计验证研讨会→供应商 DR→特殊特性研讨会→第 2 次 DR→第 2 次决议会→产品监查规格研讨会→量试结果研讨会→量试品合理性确认结果研讨会→供应商 DR→第 3 次 DR→第 3 次决议会。

根据情况，判断是否召开专业领域研讨会。

B 级实施第 3 次节点 DR 和决议会

管理级别为 B 级的管理流程如下。

客户要求事项决议会→过往麻烦研讨会→DFM 研讨会→DRBFM 研讨会→产品监查规格研讨会→设计验证研讨会→特殊特性研讨会→产品监查规格研讨会→量试结果研讨会→量试品合理性确认结果研讨会→供应商 DR→第 3 次 DR→第 3 次决议会。

C 级不设定节点 DR 和决议会

管理级别为 C 级时，采取文件审查的方式，输出量产图纸时，在图纸上记录设计变化点、设计处理以及确认结果。然后，在量产品出货前，制作品质规格书，确认初期产品检查结果，在客户的生产现场确认安装。附上检查表（表 4-7）[*13]（p. 125）。去客户的工厂确认零件的安装情况，是预防品质不良的重要工作。

在客户的生产现场，确认刚量产的产品（初期产品）的安装状态。对于客户处理零件时是否有问题、安装工具、安装工程的压力、与其他零件是否有干涉、安装时是否有东西掉落等问题，需要在现场进行确认。然后将确认结果汇总到指定的工作表中，进行汇报【Example 2】。如果是管理级别较高的产品，最好设计部门也参与现场确认。

Example 2 我们在整车生产线上，等待着产品被安装。零件放在送货箱（送货箱：送零件时使用的箱子）中。在我们觉得终于要开始安装时，工作人员一下子打开了送货箱，产品堆积如山。我们以为作业人员会从送货箱中，一件一件、小心翼翼地取出零件，但并非如此。因为箱子没有隔断，取零件这个动作会浪费时间。我们虽然心里觉得"啊？这样产品容易受伤，会影响性能……"，但在那儿，我们说不出口。于是我们马上回到公司，向相关部门报告亟须修改送货包装。

> **Point▶**新产品的管理级别需综合考虑产品、环境、制造三要素，规定符合管理级别的量产设计流程。

（3）管理级别的指定机制

一旦定下管理级别，就必须一丝不苟、毫无遗漏地实施符合该管理级别的量产设计流程*14。因此，指定管理级别必须具有"权威性"。所以，管理级别的指定机制十分关键。

*14　笔者屡屡听到"虽然有规定的设计流程，但由于任务太多，实在无法按流程实施。时间不够时，可不可以省略一些步骤，或者两个步骤合并实施"的问题。答案是，二选一。其中一个选择是，或者省略一些步

骤，或者两步合并实施。但这样的话，就必须允许设计导致的品质不良的风险增加。因为设计流程是综合考虑以往品质问题的经验后，反复修订而成的。所以，略过一些步骤，无疑意味着允许发生品质不良。

如果不想放过品质问题，那就必须按照规则实施。

管理级别的指定者

为赋予管理级别权威性，需确立一套成熟的方法，具体如下。

· 由熟知产品新颖性的设计部门提案管理级别，由事业部部长级别的人员或技术责任董事级别的人员进行决策。

· 为保证提案的管理级别的合理性，需品质责任部门同意该管理级别。即，管理级别的指定者如下。

【提案】设计责任部门

【决议】事业部部长、技术责任董事级别的人员（或根据管理级别，由设计部长负责决策）

【同意】品质管理部、品质保证部

管理级别的指定时间

指定管理级别的时间在客户要求事项决议会判断接受订单之后。在该决策后，迅速指定管理级别。其过程如下。

· 客户要求事项决议会迅速起草管理级别指定书。

管理级别指定书

管理级别指定书的内容如下。

· 设置决定管理级别的提案、决策、同意栏。

· 设置解除管理级别的提案、决策、同意栏[15]。

· 在管理级别指定书中，设置管理级别、产品名称、负责部门、客户方、交货开始时间、预计生产开始（第 1 年，或 3 年后等）时间、生产结束时间、管理级别有效期、管理级别解除时间、提案、决策、同意以及管理级别解除栏。

*10 一旦定下管理级别，在生产开始后，会进行一段时间的特殊管理。确认生产稳定后，在迎来管理级别解除时间点时，解除管理级别。管理级别不同，生产线的特殊管理也会不同。图 4-D 展示了具体案例。

管理级别	生产开始后	管理内容
S	到□个月之前	· 全数出厂检查 · 保存抽检品1个/日 · 抽检品1个/日的○小时耐久试验
A	到◇个月之前	· 全数出厂检查 · 每天拆解调查○个工程不良零件
B	到○个月之前	· 全数出厂检查
C	解除	无

（资料来源：WORLDTECH）

图 4-D● 管理体制的内容（示例）

Point▶ 决定接受订单后，迅速指定管理级别。为保证管理级别的合理性，需获得品质责任部门的同意。此外，一旦定下管理级别，必须彻底执行设计流程。因此，最好由董事级别的人员负责决策。

(4) 按计划实施量产设计的流程

指定管理级别之后，需确定量产设计的日程计划。必须按正确顺序，且毫无遗漏地实施全部工作步骤。同时，相关部门要同意该工作步骤、日程以及负责部门。因为，并行工作是量产设计的基本（请参考第 4 章 4.2.【4】：p.189）。

为此，通过设计日程管理表（表 4-1），在各大型节点，相关部门一起确认项目情况是十分重要的 [*16]。

表 4-1● 设计日程管理表

（资料来源：WORLDTECH）

步骤	实施项目		主要负责部门	制定/修改内容 日程（计划 实际 ）
构想设计	1	○○○	○○	
	2	○○○○	品质	
	3	□□□	设计	
	4	设计的基本业务	品质	
	5	△△△	设计	
	6	△△△△	制造	
	7	DR	提升品质消除疏漏	在第1~3次决议会上，相关部门一起确认项目进度。
	8	决议会		
细节	9	○○○	设计	
	15		品质	
	16	DR	研讨/审议/裁决	
	17		企划	

*16 例如，在设计日程管理表中，设置相关部门（设计、品质、制造等部门）确认栏，在迎来第 1、2、3 次决议会时，相关部门一起确认进度。

Point▶ 为彻底执行量产设计的流程，应在设计日程管理表中，设置相关部门确认栏。

【2】技术知识和诀窍（第 2 个设计力要素）

在量产设计的七个设计力要素中，第 2 个是**技术知识和诀窍**，可分成两大类。

（1）过去的失败经验教训

（2）产品特有技术和产品共通技术

笔者将按此顺序展开说明。

（1）过去的失败经验教训

第 4 章 4.2.【2】（p.166）介绍了应用过去的经验教训（**过往麻烦**），可以减少品质不良。对于反复发生相同原因的品质问题的部门来说，这种做法效果很好，过往麻烦是重要的技术知识。然而，活用过往麻烦并不容易。了解过往麻烦本身已经很难了，将其与现在的设计工作联系起来，则难上加难。接下来，笔者将按顺序解释过往麻烦的价值、过往麻烦的遗产，以及如何利用过往麻烦。

①过往麻烦的价值

即使是重大品质不良，随着时间的推移，记忆也会逐渐淡化。如果不是本部门发生的品质问题，印象将更加模糊。无论曾经的品质问题多么严重，最终都会被埋藏在记忆的边缘。

创业悠久的公司有着与其历史长度相匹配的大量的失败案例。如果什么都不做，很多品质不良将被封存在公司的历史长河中。然后，相同原因的品质问题会反复发生。

处理品质问题，会伴随大量费用的发生。处理市场抱怨时，在引入临时对策和根本对策、更换零件、应对顾客等各个方面，都会发生费用。历史越悠久的公司，经历的品质不良就越多，为之付出的费用就越高。因此，虽然企业的规模不同，情况也不同，但过往麻烦其实是花费几百亿甚至几千亿日元后学到的知识，是交了学费才掌握的本公司的原创技术诀窍。

换言之，过往麻烦是公司创业以来，交巨额学费学到的知识，而且是公司的原创知识，有着极高的价值，可以说是无出其右的真知了（图 4-9）。

过往麻烦是宝贵的财产

公司积累的
原创知识、技术诀窍

在公司创业以来经历的课题、不良、失败中，学到的经验教训因此，是交（几百亿甚至几千亿日元）学费才积累到的知识

（资料来源：WORLDTECH）

图 4-9●过往麻烦的价值

必须将如此有价值的知识应用到设计中去。然而，经常出现没有修订设计标准，或虽修订了标准，但没应用到设计工作中的情况。最终，知识未得到应用，给企业造成巨大的损失。

> **Point▶** 过往麻烦是企业交巨额学费学到的原创知识。

②过往麻烦的遗产

发生品质不良之后，并不是导入对策就结束了。为防止重蹈覆辙，必须从失败中留下经验教训。这就是过往麻烦。留下的教训分为技术教训和管理教训两种（图4-10）。

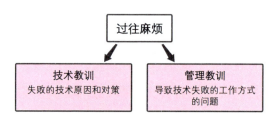

（资料来源：WORLDTECH）

图4-10●过往麻烦有两种教训

（ⅰ）技术教训

一旦发生品质问题，必须总结在技术的哪个环节出现了问题，留下经验教训。这就是**技术教训**。

分析技术教训的工作步骤依次为：把握品质不良的现象、分析根本原因（包括原理）、实施对策、明确技术教训（单纯从技术出发，明确技术的哪个环节出现了问题）【Example 3】。

Example 3　现在，汽车零件的触点都变成非接触式了。但在以前，机械式是主流，发生了很多导通不良的问题。比如，触点表面附着硅析出的分子，形成绝缘膜，导致微弱电流难以通过触点。让我们思考一下这个问题的教训。

从把握不良现象，到明确教训，有如下工作步骤。

步骤·1："把握不良现象"为，X 触点部位导通不良。

步骤 2："根本原因（包括原理）"为，Y 部位的硅材密封胶中蒸发出 Z 分子，在○○的作用下，触点表面形成氧化膜。形成氧化膜反应的原理是□□。

步骤 3："实施对策"为，将硅材密封胶改为不同成分的 F 材密封胶。然后总结教训。需结合步骤 1~3，综合判断技术教训是什么。

步骤 4-1[*17]："技术教训"为，比如，"触点附近不采用硅材料"。

那么，硅导致触点导通不良的管理教训是什么呢？

步骤 4-2：关于此问题的"管理教训"，"仅凭上述步骤，无法分析得出"。

其实，总结管理教训是很难的。

[*17] 命名为步骤 4-1 是为了与接下来介绍的管理教训 4-2 区分开来。

(ii) 管理教训

管理教训是分析工作方式的什么问题引起了品质不良。"工作方式的问题"就是**管理教训**。

如果导致失败的技术原因是不具备该技术，将很可能反复出现相同失败。为防止出于相同技术原因的重蹈覆辙，应反省"技术失败的原因是工作方式出了问题"。管理教训就是总结工作方式的哪个环节出现了问题。

Example 3 的结果是在触点附件使用了硅。如果工作方式不同，完全有可能在最开始就选用对策后的密封胶材料。通过反省"那时，我们是那么做的，如果我们这么做的话，就不会发生品质问题了"，找到导致品质不良的工作方式的**真正原因**。将真正原因反过来，就是管理教训了。

品质问题的发生背景不同，管理教训也不同

管理教训不能一概而论，因为品质问题的发生背景不同，对应的管理教训会千变万化。即使技术原因相同，管理教训也可能不同，请看下图的例子（图4-11）

触点导通不良

原因		硅材密封胶中含有的○○○形成绝缘膜
对策		更改为□□材料的密封胶
教训	技术	触点附近不采用硅材料
	管理	·彻底遵守标准 ·彻底进行良品分析 ·充分把握转换时环境条件的变化 ·

管理教训因发生背景不同而不同

（资料来源：WORLDTECH）

图4-11●不良发生的背景不同，管理原因也不同

·如果标准已经规定"触点附近不使用硅材料"，那么管理教训为"应彻底遵守设计标准"。

·如果大家知道导致品质问题的相关知识，但未规定到设计标准中，那么管理教训为"应彻底将设计标准更新到最新状态"。

·如果大家不知道导致品质问题的相关知识，那么"应彻底调查耐久试验后的产品"，或进一步溯源，"应改善模拟市场环境的耐久试验条件"等，都可以成为管理教训。

·如果详细调查从客户或市场回收的产品，就可以发现问题倾向的话，那么管理教训是"**应彻底分析回收品**"等。

综上所述，总结管理教训，必须从不同视角思考"**工作方式的问题**"。

如果发生重大品质问题，需反省从开始研发到发生问题的所有工作步骤。由于量产设计的很多工作是并行的，所以如果不聚集设计、品质、生产技术、生产，需要时还包括企划和采购等团队一起讨论的话，很难找到真正的原因，总结出经验教训[18]。

＊18　笔者作为设计人员从事开发工作时，常常在技术对策告一段落之后，去公司的休闲中心参加回顾反省会。毋庸置疑，讨论的内容是"工作方式的问题"，即总结"管理教训"。品质问题越多，反省工作方式就越重要。

> **Point▶**从过往麻烦中，不仅要留下导致失败的"技术教训"，也要总结工作方式的问题，即"管理教训"。因为，技术失败也是由工作方式的问题引起的。

(iii) 如何利用过往麻烦

发挥过往麻烦的作用，需要做到两点，一点是"设计者理解技术教训，努力打造有效机制"，另一点是"将管理教训反馈到设计力机制中"（图4-12）。

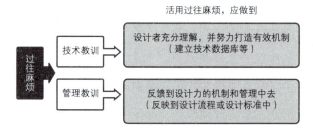

（资料来源：WORLDTECH）

图4-12●利用过往麻烦时，技术教训和管理教训的做法各不相同

(iii-1) 设计者理解技术教训，努力打造有效机制

应用技术教训所面临的课题是，不是保存下来了，就能发挥出技术教训的功效[19]，需努力打造留存机制（图4-13）。

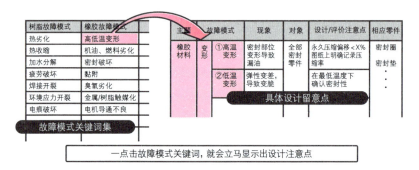

（资料来源：WORLDTECH）

图4-13●技术教训的应用机制（例）

＊19 当我咨询各家公司如何留存经验时，大多数回复都是建立数据库。然而，当我继续追问应用情况时，几乎所有公司都没灵活发挥出经验教训的作用。即，留下数据，并不代表能用好数据【Example 4】。

Example 4　在电路不良中，有一种是迁移（migration，绝缘的一种现象）。银（Ag）、湿度、电压条件同时存在时，Ag 移动，引起电极之间的短路。当时，笔者听过电迁移这一技术教训，但并没与自己开发的产品联系起来。最终，没能应用经验教训，发生了品质问题。

留存机制 1

在电极上采用银（Ag）的设计人员进入电脑数据库，输入关键词 "Ag"，马上会检索出品质不良的故障模式，即湿度及电压条件吻合时，会出现迁移现象。假如已经具备这样的品质问题检索系统，设计人员检索到这个结果之后，就会恍然大悟吗？

如果是经历过电迁移问题的设计者或资深设计者，应该会马上意识到要采取对策。然而，如果是没有类似经验，对迁移现象一无所知的年轻设计者的话，应该不会采取对策吧。因为，就算界面上有 "迁移" 这一词语，但如果不了解故障的具体内容，也无法与现在开发的产品联系起来。知道并不等于理解。

留存机制 2

当然，各家公司建立数据库时，应该会考虑上述内容。例如，设计者一点击关键词"迁移"，画面上就马上出现过往电迁移问题的详细资料。从品质问题现象，到涵盖原理的问题原因、对策、教训等，全部详细信息都记录在系统之中。但是，如果有这样一套系统，设计者就能毫无问题地与自己正在开发的产品联系起来吗？

乍一看，似乎没有什么问题，但其实并不容易。因为，就算画面上有详细的说明资料，也必须付出足够的时间慢慢解读，加深理解。但设计人员每天忙得不可开交，没时间慢慢阅读。即使他们准备要读，也会经常被上司叫走，或被电话打扰。在这样应接不暇的状况中，转眼到了晚上，于是关上电脑，决定明天再看。然而，第二天更忙……最后，以未能阅读而告终。

留存机制3

但是，这并不意味着可以什么都不做。我们应该将详细的说明资料转化成图表，强化视觉效果，做成不费时间也能充分理解的资料。

我们暂且不论这样做能否马上奏效，但一定会带来进步。利用系统，不断改善是十分重要的。过往麻烦的检索机制正是一个需要**持续改善**的对象。虽然现在还没有完美的机制，但公司需要每年都向前改善一步。成为不断寻求改善的公司，就很可能打造出全球最高效的检索系统。这就是利用过往麻烦的世界。正因如此，它才是一项重要的设计力。

(iii-2) 将管理教训反馈到设计力机制中

管理教训必须反映到设计机制中去，即反馈（F/B，feed-back）到设计力要素的管理机制中（图4-14）。

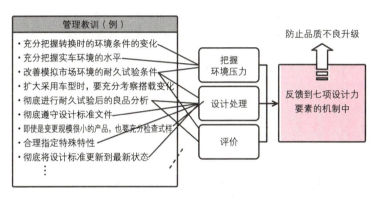

（资料来源：WORLDTECH）

图 4-14●将管理教训落实到设计力机制中

我们以上文触点导通不良为例，列举一下管理教训（a）~（e）。

（a）应彻底遵守设计标准

（b）应彻底将设计标准更新到最新状态

（c）应彻底调查耐久试验后的产品

（d）应改善模拟市场环境的耐久试验条件

（e）应彻底分析回收品

为防止重蹈覆辙，应将管理教训反馈到工作机制中。上述管理教训对应的示例如下。

（a）如果没遵守设计标准，那么为了让大家遵守标准，需注意以下内容。

·将反省设计标准作为工作流程的一步规定下来。

·在 DFM 研讨会（请参考第 4 章 4.2.【6】：p.229）中，讨论相关设计标准是否已反映到图纸信息中。

·出图时，由品质负责人员检查是否符合设计标准。

·定期（1 次/年）召开设计标准学习会。

（b）如果未更新设计标准，导致知识未反馈到设计标准中时，需注意以下事项。

·指定设计标准维护负责人。

·如果设计标准维护负责人是兼职，应改成专职。

（c）如果在彻查耐久试验后的产品上存在问题，应注意以下事项。

·在设计验证研讨会（请参考第 4 章 4.2.【6】：p.230）上，准备耐久品彻查表。

（d）如果判断耐久试验条件与市场环境的相关性不够时，应注意以下事项。

·修改市场环境模拟条件，再次研讨耐久试验条件（这项工作其实难度很大）。

（e）如果对回收品的分析不够彻底，应注意以下事项。

·将回收客户方的评价品作为工作步骤规定下来。

·规定做法，针对管理级别较高的产品，请公司内部分析专家支持。

> **Point▶**在技术教训方面，需持续改善数据库等机制，使即使没有直接经历的设计者也能轻松理解。而在管理教训方面，重要的是将其反馈到设计力机制中。

（2）产品特有技术和产品共通技术

技术知识和诀窍可以分为两大类，一类是上文论述的过往麻烦，接下来论述第二类，即**产品特有技术**和**产品共通技术**（图4-15）。

产品特有技术	达成产品功能、性能等目标的技术
	⇩
	设计者努力成为专家
产品共通技术	此技术领域跨度广，设计者很难全面无误地应用到设计之中
	⇩
	理解浅薄也没关系，尽量无遗漏地广泛涉猎

（资料来源：WORLDTECH）

图4-15●产品特有技术和产品共通技术

①产品特有技术

产品特有技术指实现产品主要功能和性能的手段与方式，是产品的核心技术【Example 5】。

以传感器的检测方式为例吧。汽车车速表通过检测变速箱的转数，将信息转换成车速显示出来。检测转数的方式有电磁感应的线圈式、磁力方式的霍尔元件以及磁阻元件（MRE）。如果选择霍尔元件，对应的产品特有技术是选择一个或两个霍尔元件的技术思路、定量依据以及（磁场）设计方法等，即实现该产品主要性能的技术知识就是产品的特有技术。

产品特有技术的具体案例

（a）产品功能、性能等目标的实现方式的选择依据：在上述传感器案例中，如果选择霍尔元件方式，需有选择依据，即对比各种参数（检测温度、分辨能力、耐热性、成本等）后，应该选择最优。

（b）该实现方式的技术课题的应对方案和设计细节：技术课题的应对方案，以及每一项应对方案的安全系数和余量的理论和定量依据（请参考第 4 章 7.3.【1】：p. 263，4 章 7.3.【2】：p. 264）。

（c）评价项目及条件的设定依据：初期特性评价和耐久评价的项目和条件，及其（最好是定量的）依据（请参考 4 章 7.4：p. 265）。

（d）安全设计的思路和处理：基于系统及产品 FTA 的失效保护（Fail-safe）和冗余确认，以及重点管理项目（请参考第 4 章 7.5：p. 269）。

Example 5 笔者在学生时代时，曾听过老师这样一段教导之言，至今难忘。这段话是，"学习工科，体力是必备条件。虽然叫开发，但造物其实是个又累又脏的世界，能扛汽油桶有时也是很重要的。但是，你们必须牢记知识和技术的'T'字形原理。找到自己的专业领域后，就要比谁都了解得深。对于非专业领域，浅尝辄止也行，一定要广泛了解。这样才能成为真正的技术人才"。作为设计者，在自己的专业领域，必须拥有人无我有的深度。但这并不足够，还要广泛兼顾周边领域的知识和技术。我们要为此日夜钻研。

②产品共通技术

如 Example 5 介绍，对于自己的专业技术，即产品特有技术，设计者必须拥有无人能及的深度。与此同时，还要广泛了解周边领域的技术，而这就是**产品共通技术**[20]。

[20] 为什么我们不仅要掌握产品特有技术，还要广泛地学习产品共通技术呢？近年来，广泛涉及机械、化学、电力、电子技术，甚至光学的产品不断涌现，复杂的功能和技术的高度发展，导致设计人员跟不上前进的脚步，因此更容易出现设计不周的产品。

面对产品特有技术，设计者只有不断提高自身技能。但设计者很难面面俱到，精通所有共通技术。这就需要请专家或专业公司帮忙了。而找到自身的技术短板，请专家帮忙时，至少要了解一点相关知识。所以，浅尝辄止也没关系，设计者应广泛了解产品共通技术。

产品共通技术的例子

（a）产品共通的基本设计技术

（b）产品共通的构成技术

· 材料知识

· 加工知识

· 共通零件的知识

（c）生产系统的知识

（d）近来，随着电控化和软件的重要性的飞速提升，机械设计者也需了解的电气电子和软件的基础知识。

电气电子设计人员也需了解的机械设计的基础知识。

下边展示了（a）~（d）的具体案例。

（a）：以可靠性设计为例，其基本设计知识有发动机舱的最高和最低温度的设定思路，汽车保修期为 20 年时，累计温度压力的设定方法，振动压力的设定办法等。此外，防止失控、汽车火灾的安全设计方法等，也是重要的基本设计知识。

（b）：产品共通的构成技术：在产品共通的构成技术中，材料方面有铁、有色金属、树脂、橡胶、陶瓷等各种材料的知识。加工方面有铆接、嵌合、螺栓螺丝固定、切削、树脂成型、冲压、压铸、冷锻等知识。此外还有电镀、涂装、淬火等处理方法，产品共通构成技术涉及方方面面。

（c）：生产系统的知识：在生产系统方面，量产设计需要具备手工组装线和自动化生产线等工程设计的基础知识。

（d）：近年来，电子控制和软件控制飞速发展。在 DR 等会议中，一定程度上理解对方的意思变得愈加重要。对于机械设计人员而言，需了解电子零件、电气电子回路的基本知识，以及软件相关的词汇。而对于电子和软件设计人员而言，需要一定程度上理解机械设计的基础知识。

> **Point▶**设计者必须深入钻研产品特有技术，对于相关的产品共通技术，浅尝辄止也没关系，应广泛学习。

【3】 各种工具（第 3 个设计力要素）

在量产设计的七个设计力要素中，第 3 个是各种工具。这里的工具指与技术和品质相关的工具，可分为两类。

（1）技术工具

（2）品质保证（QC）工具

（1）技术工具

技术工具取得了飞速进步。活用基于模型的开发（Model Based Development，MBD）和电子控制单元（ECU）的试验装置 HILS（Hardware in the Loop Simulator）等，减少了试作品的制作次数和数量，缩短了开发周期。VR（Virtual Reality：虚拟现实）也发展迅猛。CAE（Computer Aided Engineering）使分析的可靠性取得了飞跃性进步。结构分析、流体分析、磁场分析、热传导分析等各种分析工具提升了设计可靠性，带来了高效开发。三维 CAD 就更不用多说了，以三维图纸为主、二维图纸为辅的公司日益增多。这些技术工具将进一步发展，进一步辅助设计工作。

（2）品质保证（QC）工具

这是一直存在的**品质管理工具**。无论技术环境如何变化，品质管理工具都是非常重要的工作手法。品质管理工具品类众多，简单整理一下，就有近 40 个了（表 4-2）。

表 4-2●选择 QC 工具需因地制宜、因时制宜

（资料来源：WORLDTECH）

分类	SQC（统计方法）	非统计方法
数据应用	定量数据分析	语言数据分析
主要 QC 方法	■QC 七工具 ·特性要因图 ·帕累托图 ·检查表 ·直方图 ·管制图 ·散布图 ·层别法 ■品质工程 ·实验计划法 ·响应面分析法 ■多变量分析 ·多元回归分析 ·判别分析 ·主成分分析 ·族群分析 ·数量化理论 ■可靠性工程 ·迈因纳定理 ·应力强度模型 ·阿伦尼乌斯模型 ·最弱链模型 ·FEM ·韦伯分析 ·贝叶斯方法	■新 QC 七工具 ·亲和图 ·关联图 ·系统图 ·矩阵图法 ·PDPC 法 ·箭条图 ·矩阵数据分析法 ■品质功能展开（QFD） ·品质展开 ·工艺展开 ·技术展开 ·可靠性展开 ■故障分析 ·FMEA/DRBFM ·工程 FMEA ·FTA ·ETA（Event Tree Analysis：事件树分析法）

品质管理方法可大致分为两种，一种是用数据分析的统计方法，另一种是用语言分析的非统计方法。

在**统计方法**中，有被广泛应用的直方图和帕累托图等 QC 七工具，实验计划法和响应面分析法等品质工程，多元回归分析等多变量分析，以及迈因纳定理和韦伯分析等可靠性工程。

在**非统计方法**中，有关联图法和亲和图法等新 QC 七工具，品质功能展开（Quality Function Deployment，QFD），以及 FMEA 和 FTA 等故障分析方法。

统计方法通过数据计算进行分析，所以只要输入的数据准确，就可以得到符合工具计算逻辑的结果。只要理解其中逻辑，无论由谁操作，都极可能得到相同结果。从这层意义上讲，统计方法是易使用的工具。

近年来，统计方法软件越来越多，使用环境日渐完善。

对比统计方法，非统计方法没有复杂的计算，是语言分析工具。因此，使用门槛低，谁都可以使用，但分析效果取决于使用者的经验和知识水平。因此，非统计方法是因使用人和使用团队不同，结果也大不相同的工具。

技术工具品类众多，需因地制宜，因时制宜[21]。

---

*21 下边是不同品质问题所采用的工具的例子。

· 通过韦伯分析，推测故障模式（属于磨损故障、随机故障，还是初期故障），以及累计故障发生率。

· 通过 FTA 和要因分析，列举品质不良的原因。

通过模拟，从列举出的原因项中缩小范围。为从剩下的原因项中找到真正原因，需从原因出发，推测环境压力，然后设定再现试验的条件。如果品质问题再现，就可以开始讨论对策方案。

·如材料发生变化，通过阿伦尼乌斯模型，明确压力与寿命的关系，通过迈因纳定理，推测寿命。

·通过应力强度模型，明确安全系数。

> **Point▶**品质管理方法类别众多，挑选时应因地制宜，因时制宜。非统计方法的结果严重受使用者和使用团队的知识水平左右。

【4】人与组织（第4个设计力要素）

在量产设计的七个设计力要素中，第4个是**人与组织**。首先介绍一下人的部分。

（1）关于人

从事量产设计的人，不能只是技术者，还必须是设计者（设计者≥技术者）。"设计者≥技术者"的意思是，不只研讨技术、申请专利、发表研究结果，还必须具备①**协调不同团队的能力**②**与客户技术谈判的能力**。

①**协调不同团队的能力**

从事量产设计的人员的基本工作是研讨技术方案、总结研究报告以及申请专利等。但是，只做这些，还不能成为合格的设计者，还必须具备协调不同团队的能力。

（i）何为协调不同团队的能力

答案是，从量产设计阶段开始，推动所有部门齐心协力实施**并行工作**（请参考第 4 章 4.2.【4】：p.189）。即，协调不同部门不同立场的设计、品质、生产技术、生产、采购、企划等人员，向着同一目标前进。

引领者的角色由设计者（设计部门）担任。因为在量产设计阶段，设计者是最了解产品的人。

发挥引领者的角色，就是努力让团队觉得"要是他的话，我愿意一起干"。请时刻牢记这一点[22]。

*22 从更高的视角来看，这指在本章论述的七个设计力要素，即设计者的综合能力，提升综合能力，需要一步一步努力。

（ii）为什么需要具备协调不同团队的能力

需具备这项能力的原因是，要实践**全公司一起制作图纸**（图4-16）。

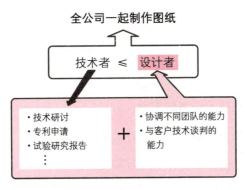

（资料来源：WORLDTECH）
图 4-16●全公司一起制作图纸

如果被问到由谁负责做图纸，正确答案应该是"全公司一起做"。而全公司一起做图纸的必要条件，就是协调不同团队的能力[*23]。

✳23　至今为止，笔者至少要问过上千人"图纸是由谁制作的"这个问题，听到的答案都是"设计（设计部门）"。我想大家的意思是，设计工作由设计者做，用CAD画个图就是设计了。

但是，正确答案应该是"全公司一起做"。因为，即使是一个小小的树脂件，画图时也必须充分考虑静态强度、温度与强度、吸水与强度、热劣化与强度、蠕变变形等方方面面的因素。在成型方面，还必须确认是否有模具裂痕、树脂填充不足、熔接痕等。制造方面的因素也不可忽视，是否达到了可成型的公差、是否易安装、模具费可否接受等。不综合考虑各方面的因素，是画不出图纸的。

换言之，除了设计，还需注入品质、生产技术、生产、采购、企划等所有相关部门的全部知识和力量，才能形成最后的图纸[*24]。所以，为了持续输出高水平图纸，必须协调各部门齐心协力。正因如此，设计者才必须具备协调不同团队的能力。

✳24　这是笔者刚进公司，第一次负责量产图纸时的故事。笔者拿着量产图纸去参加日程会议。日程会议是设计、品质、生产技术、生产、生管（生产管理）、企划等相关部门同聚一堂，基于量产图纸，讨论零件和生产工程的准备计划的会议。当笔者把图纸发给大家，开始解释时，一位负责生产技术的资深科长突然大声呵斥我："你觉得这样的图纸能造出东西来吗？"因为我当初没考虑到加工便利性、安装便利性等因素。我想当然地认为画出线条，写上数值，就是一张图纸了。从那之后，我常常跑去现场，咨询现场负责人和班长的意见。当然，我的画图能力因此得到了大幅提升。

②与客户技术谈判的能力

设计者必须不断提高与客户技术谈判的能力。

（ⅰ）何为技术谈判能力

与客户技术谈判的能力指执行如下两项工作的能力。

·对于会议中客户交代的技术课题（作业），努力做到100%。将研讨结果总结到技术报告中，遵守约定的时间，向客户汇报。

·并且，在客户面前，清晰易懂地说明报告内容。

一言以蔽之，就是面对客户的**表达能力**。

（ii）为什么需要具备与客户技术谈判的能力

需要具备与客户技术谈判的能力，是为了获得客户的信赖。而设计者必须获得客户的信赖，是因为需要拿到客户的订单。

然而，大家经常容易忘记"获取订单，设计者是关键"这一点[25]。为了获得客户的信赖，设计者需要具备技术谈判的能力。

*25 客户考虑与哪家供应商一起开发新系统的主要构成件时，客户公司的技术人员有着很大的影响力。例如，汽车主机厂的设计人员打算与一级零件供应商一起开发电子控制系统的构成件 A。他犹豫着打电话给 A 公司的 A，还是 B 公司的 B，还是 C 公司的 C，他觉得"三家公司都具备技术能力。但其中 A 公司的 A 最靠得住"，于是他打给了 A。就在这个时间点，B 公司和 C 公司很可能会失去这个订单。

（iii）如何提升技术谈判能力（表达能力）

提升与顾客技术谈判的能力，需要提升**表达能力**。即，必须做出让顾客满意的技术报告。报告应满足如下条件。

·理论说明技术课题，还要包括支撑该理论的依据，即实验验证结果。

·简单易懂，深入浅出[26]。

＊26 上司的角色很重要。上司的表达能力大大左右了下属的表达能力。制作技术报告时，非常重要的是上司和下属一起打磨报告内容、写法，这决定了技术报告的水平。重要技术报告需要在公司内部听证多轮。上司必须具备讨论和指出问题的能力。因为上司参与的讨论和上司的尖锐批评可以提升下属制作资料、汇报的能力。当然，指导下属抓住每一次机会，让下属保持"争取一次比一次好"的心态，也是上司的重要责任之一。

复杂地解释复杂的事情很容易，而清晰易懂地解释复杂的事物则十分困难。

在客户面前，清晰易懂地说明报告内容，不是单纯读报告，而是用自己的语言，娓娓道来报告中字里行间的意思。这需要我们提前在脑海中整理一遍。提前准备很重要，例如，如果可以，尽量出声练习＊27。

＊27 从笔者的经验来看，随着量产设计工作的不断推进，向主机厂客户汇报的机会不断增多。时间都花在解决问题上，出发去开会之前，匆匆忙忙赶完报告的情况也越来越多。一边开车，一边算着"还有多久到停车场。如果停车场车很多，就从地下过马路，然后跑到会议室……"，所有注意力都放在了时间上。紧赶慢赶到达会议室后，一开始说明，客户就甩出一句不满意的话"这是谁做的报告？"这是因为设计者没有提前在脑海中整理（准备）好怎么说。

Point▶ 设计者是技术者的同时，还必须具备协调不同团队和与客户技术谈判的能力。图纸是聚全公司之力，一起制作出来的。为此，需要具备协调不同团队的能力。为获得订单，不能忽视与客户技术谈判的能力。

（2）关于组织

接下来介绍第 4 个设计力要素——人与组织中的组织。组织的工作有①**并行工作**和②**跨部门团队**。

①并行工作

首先，在组织的工作中，笔者先介绍一下**并行工作**。

（i）何为并行工作

并行工作指从量产设计的初期开始，企划、设计、品质、生产技术、生产、采购等相关部门站在各自的专业立场上，努力提高设计和生产技术水平，防止研讨疏漏。

定下新产品的管理级别（请参考第 4 章 4.2.【1】：p. 158）之后，需要决定并行工作的成员（部门和担当）和**主导者**(leader)[*28]。定下成员之后，大家在生产开始之前齐心协力，一起推进工作（图 4-17）。

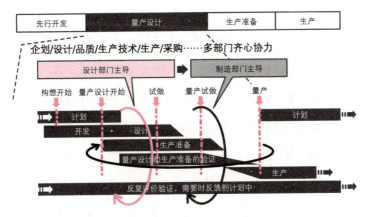

（资料来源：WORLDTECH）

图 4-17●并行工作

(ii) 并行工作的效果

并行工作可以获得以下效果。

·在试做阶段尽早发现问题，提高设计效率和速度，例如，将2次试做减少至1.5次。

·减少量产出图后的设计变更数量

例如，产品尺寸公差的要求很严格，虽然可以加工出试作品，但在量产工程中，无法保证工程能力指数（Cpk），导致不得不重新修改公差。通过并行工作，可以发现只要稍微在结构上下些功夫，就能实现单向安装的方法。然后通过修改部分结构，解决问题。并行工作可以在出图前，将生产现场会发生的问题和改善要求反馈给图纸【Example 6】。

·减少量产出图后带来的麻烦。

Example 6 这是并行工作的做法还未普及时的故事。为削减成本，将电路零件放置在树脂模具中成型，即插入成型。试作品没出现问题，但伴随着量产的开始，频繁出现破损元件，问题产品堆积成山。原因是，试做时的树脂成型模具和量产模具的温度不同。

试作品一件一件慢慢成型，模具有冷却时间。但是，量产要在快速循环中成型。因此，模具温度升高，超出了元件的耐受温度。如果当初实施并行工作，生产技术人员会给出"量产时，模具温度会升高"的意见，进而避免失败的发生吧。现场有很多设计者不了解的情况。隔行如隔山，还是要多听行家的意见。

改变一处尺寸，在试做阶段可以不费分文地轻松完成，但是在量产阶段，将花费数倍的精力和时间。此外，从出图到设备准备，再到生产开始，大多情况下都没有日程余量，设计变更往往导致无法按期准备设备等问题，给所有相关部门带来巨大的麻烦。为防止发生类似问题，实施并行工作，可以提前讨论周全（Example 7）。

· 可以更早地实现设计部门之间的信息共享。可以提前研讨设备和生产线题，通过多部门参与，提升工作质量。

Example 7 这是开发下一代产品（请参考第 4 章 4.2.【1】 ＊12：p159）的一段经历。决定开发新产品的原因是产品（当时正在生产的产品）的收益差，持续带来赤字。换言之，投入新一代产品的目的是挽回收益。导致收益恶化的主要原因是设计本身导致产品安装性差。于是，在开发新一代产品时，从开发初期的构想设计阶段，我们就联合生产技术和生产（以下称为制造）部门开始了并行工作。

那次并行工作是设计与制造的较量。设计判断是"好结构"，但在制造看来却是"非常难生产的结构"。反之，如果是制造主张的易安装的方案，则设计成本非常高。即使这样，设计和制造也没有轻易妥协，而是反复讨论，寻找兼顾结构和成本的最优方案。

综上所述，在并行工作中，保持紧张感，不轻易妥协是非常重要的。这样可以提升设计质量和水平，进而促进相互成长。

②跨部门团队

跨部门团队曾在第 3 章 4.2.【4】（p. 81）中介绍过。在量产设计中，对应的是制作 FMEA 和 DRBFM（Design Review Based on Failure Mode）的团队。是相关部门齐心协力，一边讨论，一边完成的工作【Example 8】。

Example **8**　参与者的特有技术不同，DRBFM 的分析结果将大不相同。例如，思考故障模式时，技术人员的能力影响甚大，所以应该获取非设计相关部门（品质、生产技术、基础开发等）的支持，从不同角度展开详细讨论。讨论新材料、新结构、新工艺的担心点（故障原因）时，应邀请公司的专业技术领域的专家（材料、生产构成技术等），从多个角度进行研讨。

> **Point▶**量产设计阶段的并行工作由设计者（设计部门）主导。并行工作可以减少设计变更的次数，减少返工。

【5】判断标准（第 5 个设计力要素）

在量产设计的七个设计力要素中，第 5 个是设计标准等**判断标准**。如果上述四个设计力要素（量产设计的流程、技术知识和诀窍、各种工具、人与组织）发挥功效，就可以得到一个良好的设计结果。接下来就是验证设计结果（获得审批）的时候了，需要有判断结果好坏的标准。这就是第 5 个设计力要素，即设计标准等判断标准。

此判断标准是根据迄今为止积累起来的知识和技术诀窍而形成的，可以分成两类。

（1）系统性总结技术知识的标准

（2）判断实施项目是否有遗漏的标准

接下来，笔者将按顺序介绍一下。

（1）系统性总结技术知识的标准

可分为总结产品特有技术的标准和产品共通技术的标准（表4-3）。

表 4-3●将众多技术知识和判断标准"可视化"

（资料来源：WORLDTECH）

	标准类别等	目的
		将技术知识和技术财产 "可视化"
每种产品的特有技术	·各产品设计标准 设计工作步骤的说明书	一定水平的设计者阅读后，可以设计出产品。 · 开发目标的设定依据 · 产品功能、性能达成方法的选择依据和设计细节 · 评价项目和评价条件的设定依据
	·标准图纸 各类图纸的说明书	· 失效保护的设计细节等，包括跟产品设计有关的理论研讨和实验结果等
	·试验研究报告	· 针对技术瓶颈等每一项大型开发设计课题，汇总应对方案和具体讨论内容的报告 · 大型课题也是研究发表的题材
	·专利地图	· 梳理专利申请地图，明确战略方向
产品共通技术	·基本设计标准 即使产品不同，也通用的设计手法	· 将市场环境条件转换成台架加速试验条件的方法 温度环境，振动环境，湿度环境，臭氧环境 · 安全设计的基本思路 · 细节设计…… 例如螺栓直径的最小值，可否使用垫片，腕力、S手力应设为几牛顿……
	·材料选择标准	· 包括选择时需考虑的各种参数，如金属、树脂、橡胶等材料的分级别的特性、物性、应力以及受热和油的影响等 例如橡胶在油中的永久压缩变形，树脂材料的热劣化
	·加工标准	· 综合考虑冲压、切削、树脂成型、锻造、压铸等工艺的生产制约条件的设计方法 例如厚度与最小冲压孔直径，最小圆角，树脂成型的浇口位置
	·通用零件、材料式样书	· 螺栓、螺母、铆钉、O形圈、黏合剂、灌封材料等通用零件和材料的参数汇总
过往失败案例集 ·从过去的设计不良、设计失败中学到的知识和技术		从不良、失败原因/机理分析、对策中获取的具有普遍价值的技术教训和管理教训

横向关系

①各产品特有技术的标准类别

首先介绍一下各产品特有技术的标准。

（i）各产品设计标准

各产品设计标准指每个产品的设计工作步骤的说明书。具有一定水平的设计者阅读之后，就能设计出产品。如下所示，需包括与产品设计相关的理论研讨、实验结果等信息。

- 开发目标的设定依据
- 产品功能、性能达成方法的选择依据和设计细节
- 评价项目和评价条件的设定依据
- 失效保护的设计细节

（ii）标准图纸

标准图纸是解释每页图纸的依据的东西。具体如下：

- 零件图纸上记录的重要尺寸（公差）和形状的详细依据
- 零件图纸上记录的材料的选择依据
- 安装参考图上记录的安装要领的详细说明
- 装配图纸（Assembly 图纸）记录的功能、性能的选择和设定依据

（iii）试验研究报告

以下解释了什么是**试验研究报告**。

- 汇总每一项大型开发技术课题的设计解决方案和具体讨论内容的报告。汇总内容包括技术课题的背景和内容、应对方针、理论说明、试验要领以及验证结果等。

·大型技术课题也可以成为美国汽车工程师学会（Society of Automotive Engineers，SAE）等机构的研究发表题材。

（iv）专利地图

专利地图是将专利申请梳理成的一张地图。有了专利地图，就可以找到技术的战略方向了。

②产品共通技术的标准类别

接下来解释一下产品共通技术的标准。

（i）基本设计标准

基本设计标准指即使产品不同也通用的设计手法。具体包含如下内容。

·将市场环境条件转换成台架加速试验条件的方法：包括温度环境、振动环境、湿度环境、臭氧环境等各种类型的环境压力。

·安全设计的基本思路：找到**最上方（TOP）事件**[*29]。对产品对象展开 FTA 分析，指定双重故障或特殊管理特性。确认对上层系统的影响以及上层系统对产品的影响。

·细节设计的准则：例如，螺栓直径最小值的思考方法、可否使用螺栓或垫片（washer）的判断方法（腕力、手力应设定为几牛顿）等。

---

*29 最上方（TOP）事件　产品出现故障时，给客户带来的影响中最严重的现象。

（ii）材料选择标准

材料选择标准汇总了选择材料时需考虑的金属、树脂、橡胶等各种材料分级别的特征和物性，受力受热后的劣化情况等各种参数。例如，关于橡胶在油中的永久压缩变形、树脂材料受热后劣化等方面的材料选择标准。

（iii）加工标准

加工标准记录了综合考虑冲压、切削、树脂成型、锻造、压铸等工艺的加工制约条件的设计手法。例如，关于板厚、最小冲压孔径、最小圆角（曲率半径）、树脂成型的浇口位置、脱模斜率等方面的加工标准。

（iv）通用零件、材料式样书

通用零件、材料式样书汇总了螺栓螺母、铆钉、O形圈、黏合剂、灌封材料等通用零件和材料的参数。此外，技术判断标准还包括过往失败案例集，此部分内容已详细介绍过，请参考第4章4.2.【2】（p.166）。

（2）判断实施项目是否有遗漏的标准

检查实施项目是否有遗漏的判断标准指确认各设计步骤的规定项目是否已实施的检查表等文件。如下展示了各设计步骤规定的检查表等判断标准。

①指定新产品管理级别：产品的管理级别标准（请参考第4章4.2.【1】：p.158）。

②实车环境调查：实车环境检查表。例如，搭载位置、安

装方法、与其他零件的间隙和干涉情况、最高和最低温度、最大振动加速度和频率类型、腐蚀等。

③试作品评价：初期性能规格，耐久评价规格（条件和依据），拆解调查检查表。

④指定特殊特性：整车故障模式判断标准。例如，是否违反油耗标准和排放法规、行驶故障等。

⑤节点设计评审（DR）：第 1 次 DR、第 2 次 DR 等会议使用的检查表（准备内容和应讨论项目）。

⑥节点决议会：第 1、2 次决议会使用的检查表（准备内容和应讨论项目）。

⑦单独 DR：DRBFM 研讨会、DFM（可制造性设计）研讨会、设计验证研讨会等会议使用的检查表（准备内容和应讨论项目）。

⑧单独决议会：客户要求事项研讨会和成本企划会议（准备内容和应讨论项目。此外，关于节点 DR 和决议会的准备内容和讨论项目，请参考第 4 章 4.2.【6】：p. 198）。

⑨出量产图：出图检查表（试作品的实力水平、设计安全系数、实车评价结果、收益率）。

> **Point▶**判断标准包括系统性总结技术知识的标准和判断实施项目是否有遗漏的标准。此外，还必须具备各产品的特有技术标准和产品通用的基本设计标准。

【6】设计评审（DR）和决议会（第6个设计力要素）

在量产设计的七个设计力要素中，第 6 个是设计评审（DR）和决议会。即研讨/讨论和审议/裁决的工作。后文将研讨和讨论的工作称为"**设计评审**（DR）"，将审议和裁决的工作称为"**决议会**"。笔者将首先介绍设计评审，然后论述决议会。

（1）设计评审（DR）

我们应充分理解设计评审（DR）的职责，将 DR 和决议会区分开来。在此基础上，理解 DR 的实施要领。

DR 的职责（定义）

DR 有两个职责。

（i）"**发现**"倾注其他六项设计力要素的工作结果的场合（图4-18）：在量产设计阶段，DR 是发现进展不顺利的课题、研讨疏漏或讨论不充分的问题的场合[*30]。

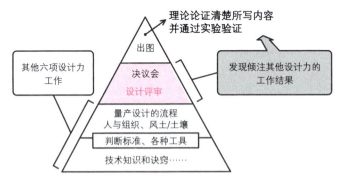

（资料来源：WORLDTECH）

图 4-18●DR 的职责是倾注全部智慧和力量，进行突破

*30　反省是否毫无遗漏地实施了所有设计流程、是否应用到部门全部技术经验、是否正确运用了 CAE 等工具，设计标准是否够严格、得以有效利用等，DR 是发现并讨论工作结果的场合。通过发现更多的问题，可以进一步接近"理想"的设计成果，即"可以理论论证清楚图纸所述信息，并全部获得实验验证"（请参考第 4 章 6：p. 244）。

这里的"发现"是为了找到并解决残留的 1% ~ 2% 的课题。举例来说，我们有时会觉得"虽拼尽全力分析了，但总觉得差点什么""这点怎么都研究不透""应该解决问题了，应该不会有什么漏洞吧"，DR 就是要深入到这一层面，加以解决。

设计者容易误认为工作已做到 100%。然而，实际上他们经常忽视很多问题。例如"忘了吸取过去的失败教训""对使用环境掌握得不够充分""在更改设计时，忘记考虑对其他零件的影响""评价条件不充分"等。

（ⅱ）为获得发现，倾注**"全部智慧和力量"**的场合：动员全部参与者的智慧的场合[*31]。

*31　为 100% 发现问题，需更上一个台阶，即进行**突破**（Breakthrough）（图 4-E）。获得发现，就是为了实现突破。

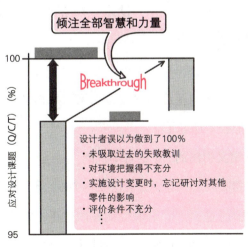

（资料来源：WORLDTECH）

图 4-E ● 用全部智慧和力量进行突破

然而，获得发现并促进突破并不容易。需设计、品质保证、生产技术、生产、企划、采购等各部门参会人坚守各自的立场，交换意见，深入讨论。换言之，需要所有参会人的"全部智慧和力量"。

从上述两个职责，我们可以得出**DR 的定义**是，对于之前的设计力工作结果，在 DR 的有限时间和空间内，倾注全部智慧和力量的活动。

（2）应将 DR 和决议会区分开来

DR 和决议会应区分开来。否则，虽然本意是召开 DR，但常常一不小心变成决议会。

刚刚笔者论述到 DR 是倾注全部智慧和力量的场合。这需要所有成员交换意见，唇枪舌剑地深入讨论。

然而，日本公司的典型 DR 却是这样的。在 DR 中，最高职等参会人一言堂地说个不停，设计者心惊胆战，一边擦汗一边道歉。其他人则沉默旁观，期待早点结束。

这不是 DR，这是向上司的汇报会。因为无法深入开展技术讨论，所以，即使问题已经显现，也无法导出解决方案，更别说发现潜在的技术课题了。

（3）从定义引出的 DR 的基本机制

仅召集相关人员开会，是无法获得 DR 的预期效果的，我想很多人都体会过这一点。为取得良好的效果，需在机制上下些功夫，即严格规定 DR 规则，并切实执行。

DR 机制的六项构成要素

①DR 的种类和实施时间

②讨论项目

③项目内容

④成员构成及角色

⑤运营

⑥横向展开

将设计力反映到 DR 的构成要素中

DR 是"在有限的时间和空间内，举行的设计力活动"，因此，其机制必须综合应用设计力（图 4-19）。

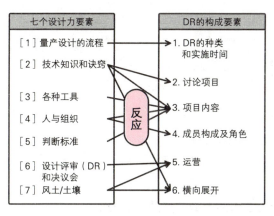

（资料来源：WORLDTECH）

图 4-19●DR 是应用了设计力的工作机制

（4）DR 的详细机制

接下来，笔者按顺序解释一下应用了设计力的六项 DR

机制。

①DR 的种类和实施时间

DR 是发现设计力工作结果的场合，因此 DR 存在于设计力工作的每个节点上。设计力的工作节点分为大型节点和小型节点（各大型节点之间的构成工作的节点）（图 4-20）。

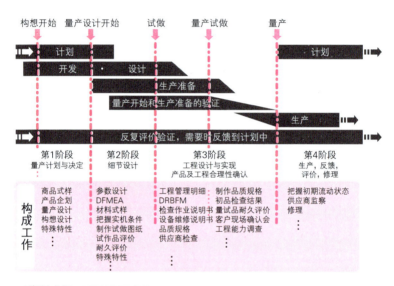

（资料来源：WORLDTECH）

图 4-20●大型节点与构成工作

设计力工作的大型节点的节点 DR

设计力工作的**大型节点**分别存在于构想设计（第 1 阶段）转移至细节设计（第 2 阶段）、细节设计转移至量产准备（第 3 阶段）、量产准备转移至生产开始（第 3 阶段）之时[*32]。因此，大型节点 DR（节点 DR）必须设定在第 1~3 阶段的出口。节点

DR 按顺序依次是第 1 次 DR、第 2 次 DR、第 3 次 DR。

*32 此处将节点分为四个，但公司不同，也可能将节点细分为第 1 次、第 2 次、……第 5 次。或分为 A、B、……、F。在德国汽车工业协会（VDA）和美国汽车工业协会（AIAG）的品质管理规格［产品质量先期策划（APQP）］中，工作阶段的数量各不相同。

此外，APQP 的闸门控制（gate control）与本书介绍的节点管理体系的对应关系如下，具有兼容性（compatibility）。

第 1 次节点管理体系⇔APQP 1

第 2 次节点管理体系⇔APQP 2

第 3 次节点管理体系⇔APQP 3 以及 4

第 4 次节点管理体系⇔量产开始后的特殊管理时期，包含在 APQP 5 之中。但在 APQP 中，没有明确的相当于第 4 次节点管理体系的阶段（实施事项）。

各构成工作的单独 DR

大型节点之间有**构成工作**（图 4-20）。在每项构成工作告一段落之后，要针对其内容，实施 DR。

如果在节点 DR 上发现重大问题，很可能导致大型返工，那么之前的工作将付诸东流，同时导致设计日程延期。因此，实施每项构成工作的 DR（单独 DR），可以防止大型返工，保证和提升设计质量。

DR 呈层级结构

节点 DR 和单独 DR 可以表现为**"V"字模型**的层级结构。如图 4-21 所示，V 字左侧为构想设计（第 1 阶段）和细节设计（第 2 阶段），右侧为工程设计（第 3 阶段）和工程合理性确认（第 4 阶段）[33]。每个阶段的出口有节点 DR，内部有单独 DR。

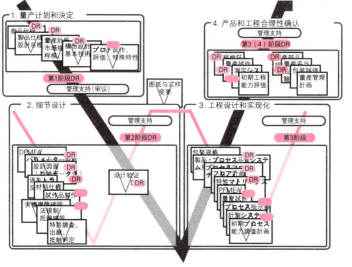

（资料来源：WORLDTECH）

图 4-21●DR 呈层级结构

*33　生产准备阶段分为"工程设计（工程设计与工程准备)"和"工程合理性确认（通过量产试做确认工程的合理性)"两个阶段，分别为第 3 阶段和第 4 阶段。

这些节点 DR 和单独 DR（单独研讨会）是第 4 章 4.2.【1】（p. 151）论述的管理流程。结合节本流程和辅助流程的时间，设置管理流程，就形成了设计流程（请参考第 4 章 4.2.【1】（p. 151）。

结合基本流程和辅助流程的时间，设置 DR

应结合基本流程和辅助流程的时间，设置 DR。

第 1 阶段：事业计划研讨会，构想研讨会→第 1 次 DR

第 2 阶段：过往麻烦研讨会，DFM（可制造性设计）研讨会（图纸研讨会），DRBFM（Design Review Based on Failure Mode）研讨会，产品监查规格研讨会，专业领域研讨会，设计验证研讨会，供应商 DR，特殊特性研讨会→第 2 次 DR

第 3 阶段：产品监查规格研讨会，量试结果研讨会，量试品合理性确认研讨→第 3 次 DR

此外，节点 DR 应与决议会组合设置。节点 DR 和决议会的组合模式如图 4-22 所示。实施全部 DR，还是只实施一部分，取决于产品的管理级别（请参考第 4 章 4.2.【1】：p. 158）。

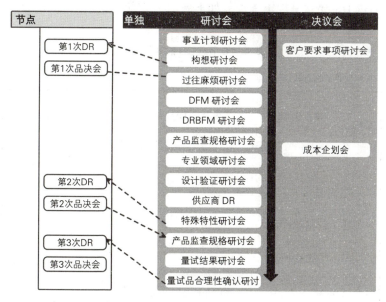

（资料来源：WORLDTECH）

图 4-22 ● 节点和单独 DR 与决议会的组合

②讨论项目

DR 种类和实施时间已定，接下来介绍 DR 构成六要素的第 2 项——"**讨论项目**"。

要提前决定每一个 DR 的讨论项目。如果全权交给负责人或负责部门，则常常容易漏掉应讨论的项目，或出现偏差。也就是说，会很难发挥出 DR 的作用，即发现并解决残存的 1%～2% 的课题。

尤其**节点 DR** 是发现该阶段整体设计结果的场合，讨论对象涉及各个方面，应提前定好要讨论什么（准备内容）（表 4-4）。通过 DR 要领书规定下来。如下展示了节点 DR 应准备的内容。

表 4-4●节点 DR 的准备内容

（资料来源：WORLDTECH）

负责部门	第 1 次 DR	第 2 次 DR	第 3 次 DR
企划	·商品企划书 ·事业收益性研讨书		
设计	·产品企划书 ·产品式样书 ·开发日程表 ·第 1 次 DR 资料 （技术课题、专利、法规、竞争情况……）	·审批图 ·一系列试做图纸 ·DRBFM ·产品展示板 ·切剖样品（cut sample） ·第 2 次 DR 资料 ·试作品评价结果等	·量产图纸 ·第 1 次 DR 后的变更点的处理 ·切剖样品（cut sample） （用第 1 次准备的样品）

负责部门	第 1 次 DR	第 2 次 DR	第 3 次 DR
品质保证			·品质规格书 ·初品检查结果 ·量试耐久试验结果 ·零件供应商检查表 ·客户安装现场确认表等
制造			·工程管理明细表 ·检查作业说明书 ·设备保养说明书 ·设备生产能力 ·工程能力等
相关部门		·单独研讨资料（系统、材料、加工……）	·单独研讨资料（需要时准备）

第 1 次 DR 的准备内容

在**第 1 次 DR** 中，讨论构想阶段的工作。具体讨论的内容有商品的未来发展可能性、销售额、收益预测、主要产品式样（设计目标）的设定、构想图、基本功能和性能的技术达成方法、相对于竞争对手的优势、专利地图等。

需要准备的内容有商品企划书、事业收益性研讨书、产品企划书、开发大日程（考虑目标量产时间的主要工作日程）、产品式样书、技术研讨资料、竞品与发展动向调查结果、专利申请计划等。最好将这些资料汇总成一份资料（第 1 次 DR 资料)[*34]。此外，赋予资料**故事性**（既俯瞰整体，又有单独细节）非常重要。负责准备资料的部门是设计和企划。

*34 为了在 DR 有限的时间内发现问题，需全部参会人理解会议内容。因此，需准备清晰易懂的资料。清晰易懂的资料，不是各份资料的复制粘贴，而是将各份资料汇总成一份具有故事性的资料。因为有起承转合的资料可以促进大家的理解。

第 1 次 DR 的资料构成

第 1 次 DR 资料的构成如下。

①上层系统的概要：在系统中，对象产品承担的角色。

②系统和对象产品的发展动向：产品市场规模的预测。

③产品基本概念：对比竞争对手，确保产品优势的式样和依据。

④产品式样：功能、性能、可靠性以及成本等设计目标。

⑤构想设计：结构概要、技术瓶颈与应对方案、成本预测。

⑥安全设计：避免最上方（TOP）事件（绝不可以发生的现象）的应对方案。

⑦基本专利调查：判断是否侵犯专利和商标、专利申请计划。

⑧开发体制：为解决技术瓶颈，与相关部门和专业公司的合作。

⑨开发大日程：截至量产开始的主要工作日程。

⑩市场服务体制（需要时准备）。

其中，作为环境因素，第 1 次 DR 资料中有市场发展动向、竞争情况（公司或产品）、专利商标等方面的内容。在这些风险关键词方面，必须从不同角度和切入口仔细考察，防止讨论不周。其中一个做法是一边检查**环境因素研讨表**，一边讨论（表4-5）。第 2 次 DR 也可以用到环境因素研讨表。

表 4-5 ● 环境因素研讨表

（资料来源：WORLDTECH）

NO. + A6. D A6. D 1 7	调查项目	实施时期	调查内容
1	竞品		调查竞争对手的产品功能、性能、成本等信息
			调查不同行业因相同目的而采用的其他公司的产品
			采购本公司材料和零件的客户是否有自产的趋势
			本公司的材料和零件供应商是否有入行的趋势
			新采用的零件和产品供应商的稳定供货能力
2	法规		安全法规的强化动向
			……
3	专利		

第 2 次 DR 的准备内容

第 2 次 DR 是讨论细节设计阶段的工作成果的场合，因此需要准备图纸、试作品、资料等多项内容。负责准备的是设计和专业部门。

第 2 次 DR 的准备内容如下。

①审批图：获得客户审批的图纸。

②一系列试做图纸：总装（assembly）、分装（sub-assembly）、安装图、零件图、式样书等一系列图纸。

③DRBFM 或 FMEA。

④**产品展示板**：让人理解产品构成件和安装顺序的展示板。

⑤切剖样品（cut sample）：让人理解内部构造的样品。

⑥**第 2 次 DR 资料**：汇总细节设计的资料（资料构成如下所示）。

⑦试作品评价结果：初期性能、耐久后的性能、耐久试验后的产品的内部调查结果等。

⑧各种检查表：变化点确认表、问题预测表、设计与制造部门互补表。

第 2 次 DR 资料是汇总具体设计内容的资料。因此，为让大家获得发现，资料要无疏漏、易理解。所以，跟第 1 次 DR 一样，应赋予资料故事性。接下来介绍具有故事性的第 2 次 DR 的资料构成。

第 2 次 DR 的资料构成

第 2 次 DR 资料的构成如下。

①**系统构成**和产品角色：系统的新颖性、与其他构成件的关联功能等。

②**系统发展动向**和产品发展动向：洞悉系统发展动向，预测产量。

③**开发大日程**：与系统联动的、从开始开发到量产的生产

计划。

④**设计目标**和**设定依据**：成本、功能、性能、尺寸、耐久性能等。重点要记录设计目标及其依据。

⑤设计目标的**变化点**和**开发课题**：明确新设计点和变化点的开发课题。

⑥开发课题的**设计应对方案**：明确设计应对方案，是采用新技术，还是在原有技术的基础上研发，还是改变材料，还是用 CAE 分析导出最优参数等。

⑦每项应对方案的设计研讨结果：理论论证并定量展示每项应对方案的安全系数和余量。

⑧**安全设计**：系统及产品的失效保护和冗余确认，并明确**特殊管理特性管理项目**。

⑨试作品初期性能确认结果：对比功能和性能目标，实际结果的波动情况。

⑩**耐久评价项目**：耐久评价项目和设定思路、评价条件及依据。

⑪耐久评价结果：耐久试验后的产品功能和性能，以及拆解调查结果、有问题时的应对计划。

⑫专利申请和是否侵犯专利的确认结果：专利申请情况和是否侵犯专利的确认结果。

⑬相关法规确认结果：确认是否有适用法规，以及法规应对。

⑭目标达成情况：如有未达成项，需有应对计划。

如果有专业部门对材料和加工方面质疑，应请专业部门参加 DR，在第 2 次 DR 上，由设计者说明应对结果。

第 2 次 DR 的设计检查表

表 4-6 展示了第 2 次 DR 的设计检查表，有如下三张。

表 4-6● 第 2 次 DR 设计检查表

（资料来源：WORLDTECH）

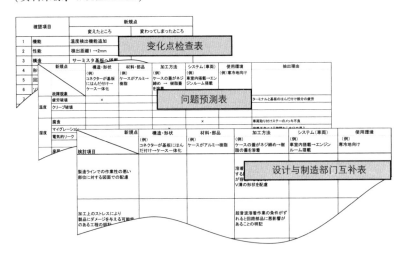

①**变化点检查表**：变化点分为主动变化点和被动变化点。变化点检查表的目的是全面无遗漏地提取所有变化点。

例如，主动变化点为形状和材质……，被动变化点是温度和振动……。

②**问题预测表**：提取与变化点有关的故障模式的工作表。横向记录产品变化点，纵向展示故障模式，以此检查变化点可

212

能引起的故障模式。

例如，横向记录电路板壳体由金属变成树脂，纵向在 EMC（电磁兼容性：Electromagnetic Compatibility）和熔接痕断裂等项目后边打钩。

③**设计与制造部门互补表**：设计和制造等部门书面交换意见，如图纸中应反映什么、制造条件应规定什么等内容，以防出现类似"我说了"和"我没听过"的推诿情况。

例如，制造向设计：防止超声波焊接时盖板发生偏移，设置定位凸起。

设计向制造：超声波焊接的条件一旦变化，将影响电路零件，改变焊接条件时，请告知设计。

第 3 次 DR 的准备内容

第 3 次 DR 是围绕量产品可否出货，讨论课题和问题点的场合。因此，负责准备第 3 次 DR 的主要部门是品质和制造。

设计部门的准备内容

在第 3 次 DR 中，设计部门应准备的内容如下。

①量产图纸：总装（assembly）图、分装（sub-assembly）图、安装图、零件图、式样书等一些列图纸。

②如果第 2 次决议会有遗留课题，应准备处理结果。

③如果第 2 次决议会后发生了设计变更，应准备变更内容和设计研讨结果：需要时，准备变更点的 DRBFM。

品质部门的准备内容

品质部门应准备的内容如下。

①品质规格书：基于量产图纸式样书，设定初期功能和性能评价项目及判断标准、耐久评价项目、条件及判断标准。设定时，需根据量产图纸式样书，反映专业品质部门的意见[35]。

> ***35** 品质规格书中应反映的专业品质部门的意见如下。
> ·初期性能判断标准应考虑余量，设定为比式样书更严格的数值。
> ·设定耐久试验样品数量。应基于经验设定，考验着专业品质部门的能力。
> ·将耐久评价条件设定为比式样书更严格的水平。
> ·增加"破坏性评价试验"。例如，如果有淋水的可能性，除了进行一般的洒水试验，还要增加高压喷水洗车试验。
> ·极限耐久试验。确认破裂方式。

②量试品检查结果：初期功能和性能的确认结果。

③量试品耐久试验结果：基于品质规格书，对量产生产线的量产品实施耐久试验后的产品性能结果。耐久后产品的拆解调查结果。

④外购件供应商检查结果：对供应商品质工作的检查结果的汇总。检查对象为品质意识、品质目标、生产线的品质活动、异常处理等（表4-7）。

⑤客户安装现场确认结果：在客户的安装现场，确认安装工具和安装工程的压力、是否与其他零件有干涉、安装作业中是否有零件掉落等。

制造部门的准备内容

制造部门的准备内容如下。

①生产准备结果：生产线的构成、必要人工、设备投资额、安装工时、供应链等。

表 4-7 ● 第 3 次 DR 的供应商和客户现场确认会检查表

（资料来源：WORLDTECH）

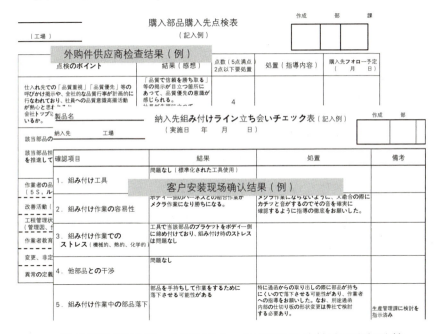

②工程诊断结果：工程能力、工程不良流出的预防对策、QA 网络（预防不良流出的手法）等。

③工程管理明细表：规定工程顺序、各工程必要的加工材料和设备、加工条件等信息的表格。即"制造部门的图纸"，相当于 ISO（IATF16949）中称之为控制计划（control plan）的管理表。

④检查、作业说明书：生产线的具体作业说明书、检查手册、设备保养说明书。

⑤工程能力结果：各项工程的工程能力（Cp：工程偏差能力6西格玛与规格范围的比较。Cpk：对比规格中值，产品平均值的偏移程度）的确认结果。

⑥设备生产能力书。

⑦产品展示板：为了便于大家理解，将量产试作品的构成件和安装顺序展示在白板上。

各节点 DR 的讨论项目检查表

各节点 DR 基于上述准备，展开讨论。为防止漏掉应讨论的项目，在 DR 会议中，参会人最好一边拿着检查表确认应讨论项，一边实施 DR。**第 1 次 DR 检查表**为表 4-8，**第 2 次 DR 检查表**为表 4-9，**第 3 次 DR 检查表**为表 4-10。

最后补充一下，本章节介绍了节点 DR 的应讨论项目，第 2 次 DR 相当于 ISO（IATF16949）规格的"**设计开发的验证**"（Design and Development Verification），第 3 次 DR 相当于"**设计开发的确认**"（Design and Development Validation）。

"验证"是审查输出是否满足输入要求。"确认"是审查产品是否满足目标要求。换言之，试做阶段的确认是 Verification，应用量产正规模具和工序进行确认是 Validation。所以第 2 次 DR 就是 Verification，第 3 次 DR 主要是 Validation。此外，在 APQP 管理体系中，APQP 4 是 Validation 阶段。

表 4-8● 第 1 次 DR 检查表（确认是否考虑了全部应讨论项）

（资料来源：WORLDTECH）

应讨论项目	准备人员	检查
1. 对象产品（后文简称为"产品"）所在系统的概要	设计	
2. 系统和产品的发展动向及产品市场规模的发展动向（产量预测和销量预测的推移）	设计/企划	
3. 产品基本概念 ・差异化的基本因素 ・关于该基本因素的竞品和客户的发展趋势		
4. 产品式样——目标和依据 ・功能 ・性能 ・可靠性 ・尺寸 ・安全 ・界面（interface） ・法规 ・伦理 ・成本 其他	设计	
5. 构想设计 ・结构概要 ・开发课题的基本研讨结果 ・安全设计、避免 TOP 事件的方针 ・可靠性、评价要点 ・成本测算	设计 设计/企划	
6. 基本专利调查	设计	
7. 开发体制	设计	
8. 开发大日程	设计	
9. 市场服务体制	服务	

表 4-9●第 2 次 DR 检查表（确认是否考虑了全部应讨论项）

（资料来源：WORLDTECH）

应讨论项目	准备人员	检查
1. 系统构成及产品角色 （系统的新颖性、与其他构成件的关联功能等）	设计	
2. 式样要求与设计目标及设定依据 （成本、功能、性能、尺寸、耐久性能等）	设计	
3. 设计目标的变化点与开发课题		
4. 开发课题的设计应对方案 （参数设计、吸取过往麻烦的经验教训、实车确认等）	设计	
5. 每项应对方案的设计研讨结果 （安全系数/余量及根据、FMEA 结果等）	设计	
6. 安全设计 （基于系统及产品 FTA 的冗余确认、明确重点管理项目）	设计	
7. 试作品初期性能的确认结果 （电子性能、机械性能、工程能力等）	设计	
8. 耐久评价项目 （耐久条件及其依据等）	设计	
9. 试作品的耐久评价结果 （问题点及应对计划等）	设计	
10. 专利申请和是否侵犯专利的确认结果	设计	
11. 成本、性能等目标的达成情况 （问题点及应对计划等）		
12. 有无适用法规的确认结果 （问题点及应对计划等）	设计	

表 4-10●第 3 次 DR 检查表（确认是否考虑了全部应讨论项）

（资料来源：WORLDTECH）

应讨论项目	准备人员	检查
1. 初期性能、耐久性能的评价结果 　工程能力 　拆解调查 　断面切割等	品质保证部	
2. 系统安装状态的确认结果 　安装作业方便性 　安装压力 　与其他零件的干涉等	品质保证部	
3. 系统评价后产品的调查结果 　性能确认 　系统耐久试验后的产品调查 　安装状态的压力影响确认等	品质保证部	
4. 生产准备结果 　设备能力 　作业标准等文件 　作业人员培训 　工程能力调查 　量产试做的不良发生情况 　工程诊断 　QA 网络等	制造部	
5. 零件供应商工程确认结果 　工程管理状态 　作业人员培训 　品质意识等	品质保证部	

③项目内容

节点 DR 的内容十分重要。为获得发现，DR 上必须毫无遗漏地说明所有应讨论项，并全面介绍各项目采用了何种方式以及进展如何。上一小节介绍了 DR 的应讨论项目。虽然产品不同，具体说明内容也不同，但制作 DR 资料时，有通用的注意点。

制作 DR 资料时的注意点

制作**DR 资料**时的注意点如下。

①首页标明管理级别：目录上标明所有应讨论项，即记录前一小节介绍的讨论项目。展示 TOP 事件和应对方法（避免 TOP 事件的失效保护等）。

②清晰易懂地描绘与上层系统的相关点：不要直接复制粘贴系统图纸。

③尽可能定量描述产品的发展动向：最好画出发展路径图。

④关于开发日程，要显示出与客户开发日程的统一性。

⑤关于开发目标的资料部分，要尽可能通过图表展示定量依据：最好有对标结果。

⑥关于选择基本开发方式的资料部分，用对比表说明。

⑦通过制作比较图等，让人对结构变化一目了然。

⑧关于开发课题的资料部分，首先要明确应对方案。

⑨关于每项对应方案的设计研讨说明资料，要列出所有原因，结合每项原因的理论论证和实验结果，说明应对方案的安

全系数和余量。

⑩安全设计应展示两方面的结果，即上层系统对产品的影响，和产品对上层系统的影响。

⑪关于耐久评价部分，应说明评价条件的设定思路和依据。

⑫关于专利部分，如果有侵犯专利的风险，必须说明应对措施。

此外，全部资料都需注意如下几点。

①使用定量数据。

②从原始数据中归纳出普遍性结论：不直接罗列原始数据。

③所有资料都有依据。

④用图表展示。

⑤一个项目尽量用一页资料展示：最好将课题、理论论证、实验结果、耐久评价结果等汇总在一页资料上。

<u>DR 资料的水平展示了设计者和设计部门的能力水平。脚踏实地做好 DR 资料，有利于提升设计者和部门的能力水平。</u>

④成员构成及角色

成员由必须出席人员和议长点名出席人员构成。根据管理级别，决定每个 DR 的参与成员。表 4-11 展示了具体例子。此外，成员及角色如下所示。

表 4-11●DR 的参加成员

（资料来源：WORLDTECH）

第 2 次 DR（例）

管理级别	事业部部长	企划	设计					品质	制造			采购	相关部门	
			部长	科长	系长	担当	专家委员		生产技术	生产	检查		系统部门	构成技术专业部门
S	○	○	○	★	☆	○	○	○	○	○	○	△	△	△
A	△	△	○	★	☆	○	○	○	○	○	○	△	△	△
B		△	○	★	☆	○	○	○	○	○	○	△	△	△
C			［ ○	★	○	○	○	△	△	△	△	△	］	

需要时实施

★　议长
☆　书记
○　必须出席
△　根据情况，议长点名出席
※第3次DR的议长为制造部门的生产技术科科长。系长和其他成员与第1次DR保持一致

成员

·必须出席人员：设计、品质、生产技术

·点名出席人员：企划、生产、检查、采购、相关部门（系统部门、构成技术专业部门），无论是必须出席人员还是点名出席人员，需根据管理级别的高低，决定出席人员的职级水平。

角色

［**议长**］作为**组织者**，推进讨论会。但**不是决策者**（请参考第4章4.2.【6】：p.200）。由设计科长（或系长）担任。但是，第3次DR的议长由生产技术科科长（或系长）担任。

［事务局］将议长组织讨论的内容汇总成会议纪要。由设计系长（或担当）担任。但是，第3次DR的事务局由制造部门

的生产技术系长担任。

[**专家委员**] 作为专家委员，有自己负责的产品共通技术时，出席 DR[*36]。

> [*36] 专家委员作为产品共通技术的专家，参加会议。如第 4 章 4.2.【2】(p.179) 所述，量产设计需要的产品共通技术涉猎极广。设计人员必须深入研究产品特有技术，但很难详尽了解所有构成技术。作为弥补对策，设立专家委员。将需要的构成技术分配给系长级别的设计者，点名他们作为专家出席 DR。专家委员有义务出席与自己负责的构成技术有关的 DR。即使最开始没有专家的经验知识，一年后，也能达到在 DR 上发表言论的水平。这样不花一分一毫，就能提升设计者和部门整体的技术能力。
>
> 专家成员可以担任三个工作，即品质问题的"发生预防"，"流出预防"，以及"知识积累"。顺序如下，首先接受设计的技术咨询，防止设计导致的不良发生。然后在 DR 会议中指出设计的研讨疏漏或讨论不充分的地方，防止不良流出。最后，将专家委员的经验知识反馈到设计标准中，将知识库维持在最新状态。

⑤运营

关于 DR 的运营工作，接下来介绍会议通知、资料的提前发送、当天的角色、实施时间/地点的注意事项，具体内容如下。

会议通知

DR 的**会议通知**里应记录 DR 对象产品的管理级别等信息。具体记录○○○产品第□次 DR、会议时间、地点、预计提前发送资料的日期、对象产品的零件编号、管理级别、客户公司名称、搭载系统等信息。

资料的提前发送

DR 资料应尽量提前三天发送给与会人员。与会人员提前阅读资料，整理疑问和发现。如不能提前三天发送资料，应在开会前一天下班前发送。与会者无法详读资料也无妨，但需提前过目，因为至少比 DR 上第一次看到资料理解得深入。

当天的角色

会议出席人员在 DR 当天的角色如下。

·议长：对于提案内容，以中立的角度判断是否需要修改，或再次研讨，或驳回。引导大家发表意见非常重要。应努力点名参会人员发表意见。注意避免成为决议会，尽可能营造参会者以平等的立场，进行技术讨论的会议氛围。

·说明人：由资料制作部门担任。说明时，应注意让参会人易于理解。

·事务局：由设计系长担任，将议长组织讨论的内容汇总成会议纪要。

·参会人：参会人应抱着如果发生问题，自己负连带责任的觉悟参会。此外，积极发言也很重要。

实施时间/地点

关于实施 DR 的时间和地点，有如下几点注意事项。

·时间：基于管理级别和第几次 DR 两方面因素决定实施时间，一般标准为 3 小时一次。如无法按时结束，则改日再次实施。

·地点为远离本部门的会议室。最好是公司外的休闲中心。

⑥横向展开

通过 DR 获取的新知识是十分宝贵的技术财产，应共享到部门和整个公司。请注意以下几点。

·反馈到设计标准等产品特有标准、产品共通技术标准、失败案例集等通用知识库中［请参考第 4 章 4. 2.【5】.（1）. ①.（i）］。

·反馈到实车环境检查表、试作品评价检查表等判断标准类的检查表中（请参考第 4 章 4. 2.【5】：p. 194）。

·发现重大品质问题时，应迅速展开（确认）到全公司，确认是否有发生相同不良的风险。

（5）单独研讨会

第 4 章 4. 2.【6】（p. 201）介绍了 DR 由节点 DR 和**单独研讨会**的层级结构构成。接下来介绍一下单独研讨会。

种类和实施时间

单独研讨会存在于第 1 次 DR 前、第 1 次和第 2 次 DR 之间、第 2 次和第 3 次 DR 之间。具体种类（请参考第 4 章 4. 2.【6】：p. 201）和实施时间的案例如图 4-23 所示。

内容

接下来按顺序介绍单独研讨会的内容。

①事业计划研讨会

事业计划研讨会位于构想设计的初期阶段，讨论产品的未来发展可能性、事业规模、技术应对能力以及开发体制等。具

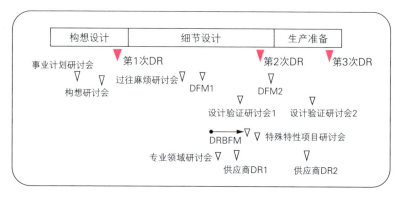

（资料来源：WORLDTECH）

图 4-23 ● 单独研讨会的种类和实施时间

体内容如下。

· 系统的把握：对商品所在系统和商品的角色的把握。

· 系统的发展动向：对象系统是否有未来发展的可能性，综合考虑技术趋势，该系统是否会被其他系统取代等。

· 商品式样：客户需求和喜悦点、系统的必要功能和性能等。

· 市场规模：对 5 年、10 年后的市场规模的预测。

· 竞争情况：国内外竞争对手及市场份额。

· 必要技术：现在的基础技术能否应对、能否充分跨越技术瓶颈。

· 开发体制：结合必要技术，讨论研发成员和合作企业等。

· 开发费：到量产出图或生产准备结束的费用的预测。

· 量产开始时期：基于客户的日程，结合本公司的开发能力，设定量产开始的目标时间。

·销售额预测：结合向其他公司的拓展计划，预测 5 年、10 年后的销售额。

②构想研讨会

结合事业计划研讨会的结果，**构想研讨会**讨论产品式样的设定、达成式样要求的构想图、涵盖构想图信息的基本功能和性能的技术应对方案和可能性、对比竞争公司的优势、销售额及利润预测等，具体内容如下。

- 系统概要和产品的角色
- 发生故障时，对系统的最坏影响
- 使用环境
- 产品式样（＝设计目标）
- 构想图
- 基于竞争公司的产品调查结果的对标，本公司产品的优势
- 基本功能和性能的技术课题及应对方案
- **临时样品**(试作品) 的功能和性能确认结果
- 专利申请计划和是否侵犯其他公司的专利

③过往麻烦研讨会

需要召开**过往麻烦研讨会**，是因为很多品质问题其实都是本部门或本公司过去曾经历过的。因此，笔者在第 4 章第 2 节（p.143）介绍了应用过去的失败经验教训，是将品质问题防患

227

于未然的捷径。换言之，反省回顾过去的失败经验是十分重要的工作。而反省回顾的场合就是过往麻烦（trouble）研讨会。

实施案例

接下来展示一下过往麻烦研讨会的具体实施案例。

第1次（first）：提取新颖点、变化点。

·设计者列出新颖点和变化点，在图纸的对应位置标记出来。

·（基于过往经验）制作产品特有式样要求和环境使用条件表，分项目确认每个新颖点和变化点。

第2次（second）：针对列出的所有项目，根据故障关键词集，判断是否有对应的故障模式，一个一个关键词查询（图4-13）。

第3次（third）：针对找到的故障模式，根据压力关键词集，判断是否有对应的压力，一个一个关键词查询。

在过往麻烦研讨会中，参会人一边参照过往麻烦集（册子）或关键词数据库（请参考第4章4.2.【2】：p.172），一边展开全员讨论。如果到了会议结束时间，还没讨论完毕，则另寻时间继续实施，直至全部确认完毕。

此外，实施时间和成员如下所示。

［实施时间］第1次试做完成前（从第1次试做出图到试做完成之间，相对容易找到研讨时间）

［成员］设计、品质、生产技术、生产，以及相关专家委员

（请参考第 4 章 4.2.【6】：p.221）

④DFM（Design for Manufacturing）研讨会

DFM 研讨会是确认图纸是否有疏漏和失误的场合，共实施两次，分别是试做图纸和量产图纸的确认。两次 DFM 研讨会的内容、实施时间以及成员如下。

DFM1（以试做图纸为对象）

·设计是否考虑了量产工程：确认加工精度和安装工艺等内容。试做尽可能采用与量产相同的材质和工艺。

·从品质角度，研讨是否有应该修改或增加的内容。

［实施时间］第 1 次试做图纸出图前

［成员］设计，试做，生产技术，品质

DFM2（以量产图纸为对象）

·基于制图规则，确认图纸标记内容是否有遗漏或错误。

·尺寸公差的累积是否有矛盾。是否公差过于严格。是否是无法加工的形状。加工和安装标准是否明确。

·注记表述是否明确，是否会引起后续工程的错误解读。记录内容是否必要且充分。是否根据需要，记录了检查方法。

·从各种角度展开确认，例如构成技术方面是否有担心点、图纸是否有不完善的地方等。

［实施时期］量产出图前

［成员］出图检查专职人员，设计。因为需要站在不同角度确认图纸是否完善，所以最好设置专职人员。

⑤设计验证研讨会

设计验证研讨会是从试作品和量产品的评价结果出发，确认<u>是否存在疏漏</u>的场合。它是仔细观察实物的会议。设计研讨会的内容、实施时间以及成员如下。

设计验证会 1（关于试作品）

确认试作品的初期功能和性能等完成度。

例 1，是否看漏了初期性能数据的异常点，讨论无异常结果的具体内容。例如，只有一次的结果在规格边缘，之后反复测量几次，都未复现。是否无视了这种现象，判断无异常。

例 2，一边观察实物，一边讨论，可以获得新发现。例如，安装是否困难，毛刺是否过大，端部是否过尖等。

例 3，对于耐久评价的结果也一样，应将实物摆在面前，进行讨论。

·将拆解的耐久试验后的产品摆出来，仔细观察。

·用手触摸。

·对于工作耐久、振动耐久、冷热循环等试验后的产品，尤其需要仔细观察。

·必要时，通过显微镜等工具仔细观察。

例 4，对于经历了客户系统试验后的产品，也要像例 3 一样观察。通过这样的确认手法，绝不放过任何不良征兆。

［实施时间］ 第 1 次 DR 前

［成员］ 设计，品质，生产技术，必要时的材料和加工等领域的专家委员

设计验证会 2 ［关于量产试作品（量试品）］

确认量试品的完成度以及耐久试验后的产品。观察方法与设计验证会 1 相同。

［实施时期］ 第 2 次 DR 前

［成员］ 设计，品质，生产技术，生产，必要时材料和加工等领域的专家委员也需参加。

⑥DRBFM 研讨会

DRBFM 研讨会重点讨论新颖点和变化点，确认全部故障模式、故障原因以及对客户的影响，通过理论和实验验证双方面论证设计措施必要且充分。是汇集相关人员和部门的全部智慧和力量，将品质问题防患于未然的工作。填写账票（图 5-6）不是目的，应将账票作为保证讨论充分的工具应用起来，以确认故障模式是否讨论详尽、是否存在其他故障原因、是否还有其他角度的设计措施等。

为获得讨论成果，应分三阶段实施。

阶段 1（step 1）：讨论到影响

阶段 2（step 2）：讨论到设计措施

阶段 3（step 3）：针对别人对设计处理的质疑，在应对完成时，进行讨论

［实施时间］ 最好在 DFM1 和第 1 次 DR 之间

［成员］

·发散性思考故障模式时，技术人员的知识能力水平影响甚大，因此需要得到设计之外的相关部门（品质、生产技术、生产等）的支持，全面详细地研讨。

·讨论新材料、新结构、新工艺等担心点时，应提前邀请特有技术领域的专家（材料技术部、生产技术部等），从多个角度展开讨论。

·参会人的特有技术水平不同，分析结果也大不相同。因此，营造活跃交流意见的会议氛围，引出参会者的能力也很重要。

⑦**特殊特性研讨会**

特殊特性研讨会针对重大致命故障或违反法规等品质TOP事件，实施**FTA**（故障树分析：Fault Tree Analysis），决定避免TOP 事件的管理项目。被指定的管理项目会标记在图纸中，展开给制造工程进行管理。

·图 4-24 展示了 TOP 事件为重大致命故障时的 FTA。如果零件 A 和 B 不同时破损，就不会导致重大致命故障。而如果零件 C 或 D 一方出现破损，将造成重大致命事故。此时，要指示制造工程重点管理 C 或 D，这就是指定特殊特性。

·指示方法为，在绝对不可出错的尺寸等特殊特性位置标记。

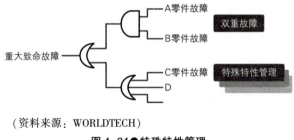

（资料来源：WORLDTECH）

图 4-24●特殊特性管理

·一旦指定为特殊特性，将增加抽查次数，或采取全数检查等方式，导致成本上涨。因此，指定特殊特性时，成员们达成一致意见非常重要。

实施时间和成员信息如下。

［实施时间］第 2 次 DR 之前

·虽然在第 2 次 DR 的安全设计中也会讨论，但应提前在单独研讨会上讨论。

·最好在构想设计阶段，在构想图层面提前讨论一下。

［成员］设计，品质，生产技术，生产，必要时的材料和加工等领域的专家委员

⑧专业领域研讨会

产品因众多构成技术而成立。如果专家委员知识经验不足，应通过**专业领域研讨会**，听取构成技术的专家提出的问题和担心点。耐久试验等结果出来后，将问题和担心点的设计应对结果汇报给专家。

实施时间和成员如下。

［实施时间］DFM1 到 DRBFM 结束之间

［成员］构成技术专家，专家委员，设计

⑨供应商 DR

如果供应商负责重要零件的设计到加工的所有环节，像公司内部一样，供应商也要实施 DR（**供应商 DR**）（图4-25）。既可以到供应商的公司实施 DR，也可以在本公司实施供应商 DR。讨论项目和内容基本与公司内部 DR 一致。

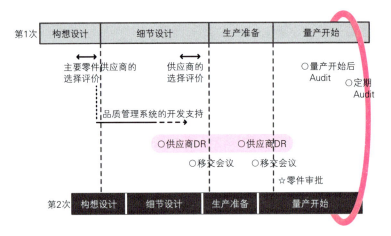

（资料来源：WORLDTECH）

图4-25●供应商 DR

实施时间和成员如下。

［实施时间］参考符合本公司设计流程的供应商设计流程，设置供应商 DR。

· 供应商从细节设计转移到量产准备之前。

234

· 生产准备转移到生产之前。

[成员] 本公司的设计，品质，生产技术，采购，供应商

⑩产品监查规格研讨会

讨论**品质规格书**的合理性。品质规格书是品质部门的输出。虽然组织此研讨会的是品质责任部门，但品质规格书是在设计图纸的基础上制作而成的，与设计内容直接相关，因此笔者介绍一下产品监查规格研讨会。

第 4 章 4.2.【6】（p. 206）已介绍过品质规格书。此研讨会就产品规格的合理性，进行研讨。

实施时间和成员如下。

[实施时间] 第 2 次 DR 之前，基于试做图纸，完成品质规格书方案之时。第 3 次 DR 之前，基于量产图纸，完成品质规格书方案之时。

[成员] 品质，设计，必要时的专家委员

决议会

第 4 章 4.2【6】（p. 200）介绍了 DR 和决议会最好分开。否则，DR 容易变成决议会。决议会是结合 DR 的发现（课题、问题点）的处理结果，判断是否转移至下一阶段的场合。

因此，决议会应与 DR 组合设置。如果节点 DR 有第 1 次、第 2 次、第 3 次，那么节点决议会也设定第 1 次、第 2 次、第 3 次。此外，需要时，应设定单独决议会。节点决议会的详细内容和成员如下。

节点决议会

·第 1 次决议会：判断是否从构想阶段转移至细节设计。审议上层系统概要、产品发展动向和市场规模、产品式样、构想设计、基本专利调查以及开发体制等内容，判断是否转移至细节设计。

·第 2 次决议会：判断是否从细节设计转移至生产准备阶段。审议系统、式样要求和设计目标、开发课题、设计应对方案和设计研讨结果、安全设计、试作品评价结果、专利申请和是否侵犯专利、目标达成情况等内容，判断是否输出量产图纸。

·第 3 次决议会：判断量产工程的产品可否出货。审议量试品的评价结果、上层系统试验后的产品评价结果、客户安装结果、工程诊断结果、生产准备结果等内容，判断可否出货。

［成员］与节点 DR 的成员（表 4-11）和出席部门相同，但 DR 设置议长，而决议会设置审议者（决策者）（表 4-12）。

·关于审议者的角色，如果管理级别为 S，则由品质责任董事或品质管理部部长担任，如果级别为 A，则由事业部部长担任，如果级别为 B，则由事业部内部的品质保证部部长担任。

·组织者由事业部内部的品质保证部部长或品质科科长担任。

表 4-12 ● 决议会的参加成员

（资料来源：WORLDTECH）

第 2 次决议会（例）

管理级别	品质责任董事	品质管理部部长	事业部部长	企划	设计					品质（事业部内部）	制造			采购	相关部门57	
					部长	科长	系长	担当	专家委员		生产技术	生产	检查		系统部门	构成技术专业部门
S	★	★	○	○	○	○	△	△	○	☆	○	△	△	△	○	○
A			★	△	○	○	○	○	○	☆	○	△	△	△	△	△
B				△	○	○	○	○	○	★☆	○	△	△	△	△	△
C					资料审查											

★ 审议者 ⎫
☆ 组织者 ⎬ 区分开来
　　　　　⎭
○ 必须出席
△ 根据情况，组织者点名出席

※参加产品管理级别较高的会议时，需要管理级别人员进行说明。

※第3次决议会的成员与第2次决议会保持一致。

单独决议会的详细内容和成员如下。

单独决议会

·**判断是否接受订单的决议会**：听到客户想要某种产品的需求后，需要判断是否接受订单。基于技术难易度、业务负荷以及销售额预测等信息，进行判断。

［实施时间］事业计划研讨会之前，顾客提出需求后，马上实施

［成员］事业部部长，企划，设计等

·**成本企划会**：审议成本（cost）能否达成第 1 次决议会的目标。如果判断难以达成成本目标，则需重新研讨成本，包括修改试做设计方案等。第 2 次 DR 上汇报成本改善的研讨结果。

［实施时间］在 DFM1 前后实施，效果最佳

［成员］事业部部长，企划，设计，生产技术，采购，品质等

【7】风土/土壤（第 7 个设计力要素）

在量产开发的七个设计力要素中，第 7 个是**风土/土壤**。如果用"WAY"来描述造物工作的态度，那么**造物之路（WAY）**有"**变革之路（WAY）**"和"**守护之路（WAY）**"。第 3 章论述到先行开发是开拓未知，必须重视变革之路。

另一方面，在量产设计中，守护之路至关重要。守护之路由以下三点构成，即**执着品质**、**执着成本**、**严守交期**。而实现这三条路的工作就是第①~⑥项设计力要素。此外，彻底做好这六项设计力的意识和心态就是第 7 项设计力要素——风土/土壤。

风土和土壤指非被动的、非流于形式的工作氛围。此处的流于形式指以完成全部设计流程为目的，而内容本身退而次之的意思。典型的形式化工作就是 DR 和决议会。参加 DR 本身并没什么意义，单纯实施 FMEA 也没意义。我们必须不流于形式、脚踏实地地展开工作。

第 5 章将介绍如何避免形式化。

5　与技术同样必要的机制与管理

第 4 章 4.2（p. 151）介绍了量产设计的七个设计力要素。设计力七要素具体为【1】量产设计的流程,【2】技术知识和诀窍,【3】各种工具,【4】人与组织,【5】判断标准,【6】设计评审（DR）和决议会,【7】风土/土壤。这些要素是达成"120%"的品质的必要条件。第 4 章 4.2 分别介绍了每个要素,本章节将七个设计力要素分成"技术组"和"机制与管理组",论述实现"120%"的品质,必须兼顾这两组的工作。

设计力七要素由技术组和机制与管理组构成

设计力要素不仅有技术要素,还包含了机制与管理要素。

（1）"**技术组**"有【2】技术知识和诀窍,【3】各种工具、【5】判断标准。

（2）"**机制与管理组**"有【1】量产设计的流程,【4】人与组织,【5】判断标准,【6】设计评审（DR）和决议会,【7】风土/土壤。

判断标准的内容虽然是技术,但判断标准是否维护成可被部门灵活应用的资料,则取决于机制和管理。技术知识和诀窍也是一样，例如，过往麻烦是重要的技术内容，但是否努力留存下来以便部门有效利用，则取决于机制和管理。在此，为便于理解，将其分为技术组。

设计力显示了机制和管理与技术同样重要，即，挑战达成"120%"的品质[37]，必须跟发展技术一样，充实机制与管理（图4-26）。

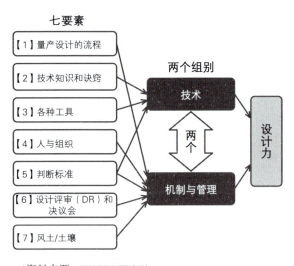

图4-26●设计力由技术和管理两组构成

（资料来源：WORLDTECH）

＊37　达成"120%"的品质设计带来的工程内不良为零，客户方不良为零，市场抱怨为零。

用案例说明兼顾设计力要素中技术和机制与管理的必要性

2019年日本宇宙航空研究开发机构（JAXA）的小行星探测

器"隼鸟 2 号"成功登陆（touchdown）"龙宫"。龙宫位于距离地球 3 亿公里的彼岸，是一块直径为 900 米左右的岩石。科技发展到如今，甚至让人觉得"造物"领域已无所不能。

然而，同样是造物领域，汽车零件等所谓的量产品（后文简称为量产品）的品质不良却无法消除。就在隼鸟 2 号达成伟业的同一时间，一家汽车公司因刹车灯的按钮不良，向国土交通省申报召回。召回台数超过 30 万台。让我们对比一下这两者吧。

开发设计工作是只要具备技术就行了吗

制造业是"加工自然的行业"（请参考第 4 章 6：p. 244）。自然是遵循某种理论变化的。因此，加工自然的工作也必须符合理论。这就是**"品质不良的本质"**，**"开发设计的普遍性课题"**。

这对无论是小行星探测器，还是汽车零件来说，都一样。科技进步解决了很多开发设计的普遍性课题。可以说，埋头钻研其成果（以下称为技术知识），才实现了本次小行星探测的壮举。然而，量产品不一样，因为量产品很难钻研技术知识。

隼鸟 2 号的登陆时间从原计划的 2018 年 10 月延期到 2019 年 2 月。听说在此期间，开发团队全面彻底地找出所有课题，通过模拟分析等手段，谨慎地开展准备工作。

然而，对量产品而言，"交期就是生命（严守交期）"，无法投入大把时间。量产开发必须在交期前的有限时间内，找出所有问题，运用技术知识进行理论论证。然后需要通过实验验证。此外，量产开发的经营资源也有限，无法无限投入人力、设备和金钱。

钻研技术可以换一种说法，即"使个人或部门的潜在技术（以下简称为技术）显现化，并灵活应用到当下的开发设计工作中"。然而，毋庸置疑，这些工作必须在有限的经营资源和时间的前提条件下进行。量产品和隼鸟2号的制约条件相差甚大。

可以说在严格的制约条件下，毫无遗漏地将技术显现化，并灵活应用的难度极高。可以这样说，**技术是保证品质的必要条件，但无法成为充分条件**（图4-27）。

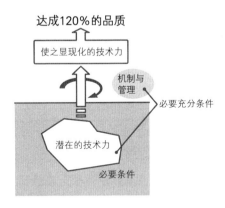

（资料来源：WORLDTECH）

图4-27●机制与管理使技术显现化

如果跟开发设计人员交流，不少人会说"开发设计的工作有技术就行"。他们没有意识到"有技术和将技术**显现化**是两回

242

事"。开发工作必须将技术显现化，然后转化为成果。因此，开发设计的机制和管理非常必要。所以设计力七要素由"技术组"和"机制与管理组"构成。

避免产生品质不良，量产设计的七个设计力要素十分重要。即量产设计的流程，技术知识和诀窍，各种工具，人与组织，判断标准，设计评审（DR）和决议会，以及风土/土壤。仔细观察这七项设计力要素，应该认识到非技术因素的项目数量众多。

在有限的经营资源和时间的前提条件下，这七项设计力要素必须牢牢根植于职场之中，并严格执行，否则品质问题不会减少。

据国土交通省的官网介绍，上文提到的刹车灯按钮不良的问题起因于硅。其实，硅导致的触点故障是汽车零件的典型品质问题。然而还是发生了，这代表设计力七要素中的某些要素没有充分发挥作用。我们不能只了解技术原因，还要牢牢把握管理上的真正原因，并反馈到开发设计的机制，即"设计力"之中。

> **Point▶**技术是保证品质的必要条件，但无法成为充分条件。设计力七要素由"技术组"和"机制与管理组"构成。保证品质，必须兼顾这两组。

6 设计力应跨越的难关

接下来介绍设计力应跨越的难关。

6.1 自然不可欺

在第 4 章第 5 节（p. 239）中，笔者论述了技术是保证品质的必要条件，但无法成为充分条件。为此，我们应兼顾设计力的"技术组"和"机制与管理组"。在有限的经营资源和严守交期的严峻环境之下，我们必须将潜在的技术显现化。

在本小节，笔者将论述将技术显现化，设计力要跨越什么。即设计力应跨越的难关，设计的本质性课题。

设计力应跨越的课题

设计力应跨越的课题是**理论论证**清楚图纸规定的全部内容，并通过**试验或实验**，**验证**理论无误。在开发设计中，挑战这一点十分重要。

为何必须理论论证图纸规定的全部内容

必须理论论证图纸规定的全部内容的原因是，制造业是

"**加工自然的行业**"。

第 2 章介绍了每年的汽车召回案件都在 200 件左右。也就是说，品质问题并没有减少。

那么，为什么无法减少品质问题呢？请问读者朋友们有过一边觉得"应该没问题吧""就是这样的""以前就是这样的"，一边设计的经历吗？没有类似经历的人是不会造成品质不良的。然而，这种设计者很少。如果我们认为不会发生极小概率事件，出货后，客户是很容易就能发现品质问题的。即使运气好，过了客户这一关，潜藏的品质问题也会在市场暴露出来。其实，这蕴含了**品质不良的本质**。

笔者现在正面对书桌，在电脑上写这本书的草稿。向上看，有荧光灯，左右看，有墙壁和窗户。我们的身边遍布着各种各样的物体。人类真的创造了非常多的东西。然而，有从无到有的东西吗？在发现一个都没有时，我惊讶了。没有任何东西是从无到有的，我们人类抽取和挖掘地球已有资源，采伐植物，并加工出来。其中也不乏极其复杂、高精加工的东西。但是，我们自始至终，不过是在身边原本存在的东西的基础上，加以改变。

我们将原本存在的东西称为"自然"。人类一直在加工自然。也就是说，造物（制造业）是"加工自然的行业"。

笔者曾经历过很多汽车零件的设计工作，经常连续失败。虽然陆续击溃一件件技术课题，但最终还是有没能解决的残留课题。我们反复推论，反复验证，一年半载的时光转瞬即逝。反复失败的经验告诉我，没什么偶然。

我曾有过汽车橡胶零件的失败经验。变性的燃料切断了橡胶材料的乙醚基。在耐久评价判断"没问题"，并出货之后，市场上发生了破损。产品虽然通过了公司内部和客户的审核，但市场，换言之，自然并不会认可违背理论的东西。<u>自然遵循理论而变。因此加工自然的工作必须符合理论。</u>

这就是品质不良的本质，**设计的普遍性课题**。换言之，<u>我们必须理论论证图纸规定的全部内容，并通过实验验证理论无误</u>。

为何理论论证图纸规定的全部内容很不容易

理论论证图纸规定的所有内容非常不容易。因为仅理论论证关键部位和担心点，并进行试验，就非常困难了。对于其他部位，很容易放松警惕，觉得"以前就这样""这种程度应该没事儿"。

笔者问过很多人："你们的设计全部都进行理论论证和实验验证吗？"很多时候收到的回答都是"当然，我们就是这样做的"。然后，笔者进一步追问，"比如一张图纸上有 100 处尺寸。全部理论论证意味着 100 个尺寸数值都有根据可依。如，尺寸为 10±0.05，如果有人问'不用规定到 10±0.025 吗？'，或反过来问'可不可以松一点到 10±0.075？'时，可以用理论和验证数据说明清楚吗?",这时,他们才终于意识到这事儿的困难程度。

即使是简单的汽车零件,也是由 10 个、20 个零件构成的。零件图、分装(sub-assembly)图、式样图、安装参考图、总装(assembly)图,图纸数量众多,上面的数据数量庞大。仅尺寸,就可能多达几千个。但就算有几千个,只要写在图纸上,就必须通过理论和验证数据说明清楚。有设计经验的人会马上发现"这是不可能的"。一般只针对关键品质部位和担心点进行理论论证,然后通过实验进行验证。但,就算这样,想彻底做好,也并不容易。就更别说其他部位了。所以,就变成"以前就这样""这种程度应该没事儿"的处理方式了。

但是,自然并不会放过。自然会通过召回或者市场抱怨的形式,严肃反击。换言之,**自然不可欺**(图 4-28)。

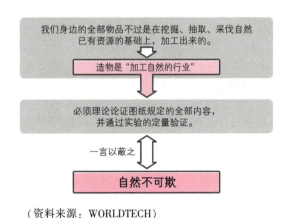

(资料来源:WORLDTECH)

图 4-28●设计的普遍性课题

因此，我们必须遵循理论，通过实验进行验证。为此，在有限的经营资源和时间内，必须最大限度发挥公司的技术能力。为此，成熟的管理和工作机制非常关键。这就是量产设计的设计力。

换言之，设计力是实现符合理论的设计的手段。

> **Point▶**制造业是加工自然的行业。必须理解"自然不可欺"。此外，量产设计的设计力是实现符合理论的设计的手段。

6.2 何为符合理论的设计

前一小节介绍了设计力是实现符合理论的设计的手段。符合理论的设计指，"必须理论论证图纸规定的全部内容，并通过实验验证理论无误"。接下来展开具体说明。

何为品质不良

如第 2 章 4.2（p.29）所述，品质不良是不满足设计目标。下面将介绍不满足设计目标是什么意思。

创造的物品（产品）的作用是通过输入（input）导出输出（output）。毋庸置疑，**output** 必须是对客户有价值的东西。然而，产品有时候不只带来了期待的价值，还会产生**有害效果和**

损失。而所谓的有害效果和损失就是设计上的品质不良。如第 4 章 4.2【Example 1】（p. 144）介绍的加速踏板难以回位的案例，它不仅带来了期待的有价值的踏力水平，还产生了摩擦阻力增大的有害效果。

那么，为什么 output 会出现有害效果和损失（<u>劣化</u>）呢？实际原因简单得令人吃惊。因为有**压力**（stress）。如果没有压力，产品将永远处于相同状态。**劣化**将不会发生。然而，在现实世界中，是无法躲开压力的。例如，即使在配备了空调的房间内，也会存在臭氧，严格意义上来说，调控好的室内温度也是压力。

预防劣化不良的三个步骤

结合上述内容，为防止劣化导致的品质不良（劣化品质不良），在进行理论论证和实验验证时，该怎么做就很清晰了。具体为如下三个步骤。

【1】第 1 步：把握压力。

【2】第 2 步：针对压力，进行设计处理。

【3】第 3 步：评价设计处理的合理性。

接下来详细说明一下。

【1】 第 1 步：把握压力

压力分为如下三种。

①环境压力：从使用环境和市场环境接收到的压力。

②**工程压力**：在生产工程中，是否施力过大，是否铆接过紧。

③**自身压力**：动力相关的半导体元件是否给周围元件带来过多热量。

把握压力的课题

汽车零件暴露在温度、振动、湿度、尘土（灰尘）、电噪声等各种各样的压力之下。仅温度压力，如果设计目标保证时间为 20 年，则需要推算 20 年满足所有终端用户要求的总温度压力。例如，必须推算温度分布与各个温度的累计时间。

综上所述，推算每种压力的 20 年总压力是极难的工作。虽然卓越的技术能力可以提升推测准确度，但推测就是推测，存在与实际环境不符的可能性。

【2】第 2 步：针对压力，进行设计处理

为防止压力给顾客产生有害效果和损失，需要进行设计处理。为此，我们必须详尽了解压力可能带来的所有影响。

例如，在温度压力下，产品构成件 A 受热膨胀。如果零件 A 与零件 B 接触，那么 B 会受到 A 的挤压。如果 B 又与 C 接触，那么 A 的膨胀可能影响 C。综上所述，我们不仅要找到压力对每个零件的影响，还要找到零件间的相互影响。毋庸置疑，找到的影响必须是定量的。在此基础上，针对全部影响模式，进行**设计处理**。

例如，无法保证安全系数时，可以在形状上下功夫，或提升材料级别。

设计处理的课题

除了热，还有振动、湿度等各种各样的压力。针对种类众多的压力，我们要找到全部单独零件的影响以及零件之间的相互影响，进行设计处理。

然而，即使产品的构成件数量不多，但组合方式繁多。找到所有组合方式的定量影响，并实施设计处理，是十分困难的工作。因此，在实际操作中，一般会决定优先级，采取张弛有序的工作方式。

【3】第 3 步：评价设计处理的合理性

虽然没有比市场（如果产品为汽车零件，那么就是真实的汽车）更理想的评价方法了，但在市场上完成设计目标保证期限（例如 20 年）的评价，一般是不可能的。因此，需要通过加速试验进行评价。

评价的课题

评价试验的项目和条件**与市场 100% 相关**是十分重要的。但是，证明所有压力的试验（评价）项目和条件，都 100% 与市场相关是难度极高的。试验（评价）项目和条件在不断被修正、完善。所以，提高与市场环境的相关性，是需持续改善的课题。

综上所述，实现符合理论的设计防止**劣化品质不良**，具体要实施三步工作。但，无论哪个步骤，都存在课题（图 4-29）。挑战 100%，需要坚实的设计力。

一处不做到 100%，都会引起设计品质不良

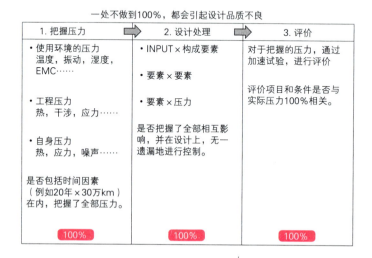

（资料来源：WORLDTECH）

图 4-29●防止劣化品质不良的三个步骤

Point▶符合理论的设计指为预防劣化品质不良，在环境把握、设计处理以及试验评价的全部方面，挑战 100%。

6.3 实现 99% 的品质，才只到五成

有这样一句话，"**实现 99% 的品质，才只到 5 成**"。这句话的意思是，解决最后 1%～2% 的设计课题需要花费大量的时间和

精力，为此投入全部开发工时的 50% 也不为过。因此，设计力不可或缺。

听到客户满意度 100% 这句话，也许很多人会觉得老生常谈。但是，站在生产者的角度，努力实现客户满意度 100% 并不简单。自己分别站在生产者和消费者的立场，换位思考一下，就能非常理解了。例如，供职于汽车零件公司的员工买了一台新车。休息时，他是消费者，一旦发现新车哪怕有一点点小伤，他都会联系 4S 店。但是，上班时，他变成生产者，想必他偶尔会判断这么点小伤没问题吧。

我们这里强调的 100%，是站在生产者的角度挑战 100%。如果是设计阶段，就是设计者挑战 100%。为保证品质，提取所有课题，建立时间计划。按时间顺序，解决课题一般呈"S"形曲线。最开始应对课题时，会略费精力和时间，但随着时间的推移，问题逐渐被解决。大部分课题都会随着时间的变化，被施以设计对策。但总有一两个课题会遗留下来。设计上困顿不前，无论怎么努力，都做不到完美。有过类似经历的人应该不少吧。

笔者也有过这样的经历。某开发项目共计有两年的开发周期，我们用前一年时间，几乎击溃了所有课题。但有一个课题留下来了。为了解决那个遗留课题，在剩下的一年时间里，我们日夜奋战，一直到临近出图的截止期限。

面临这种情况时，是选择放弃，还是正面突破，取决于是否挑战**生产者角度的100%**。放弃意味着放弃追求100%，说服自己"增加零件也是没办法""尺寸大了1mm也是不得已的""虽然成本高了，但总比出现品质问题强"等。虽然觉得不完美，但想着不会出什么问题，继续向前推进。

然而，一旦这样妥协，就无法完成原本的设计目标。因此，虽然很难，但挑战正面突破，是非常重要的。

再重复一遍，解决最后遗留的1%～2%的课题需要花费大量的时间和精力。投入开发工时的50%也不为过。这就是设计一线的实态。设计上坚持挑战100%，还是选择放弃，两者之间天差地别。所以说，解决了99%的品质课题，才只到五成（图4-30）。

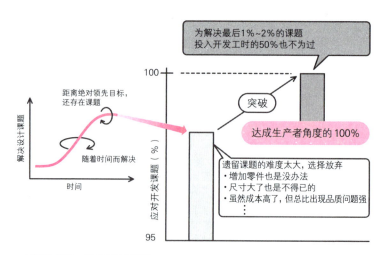

（资料来源：WORLDTECH）

图4-30●完成99%的品质，才只到五成

7 量产设计的具体案例

第 4 章 4.2.【1】（p. 151）介绍了量产设计的流程。量产设计的流程由基本流程、辅助流程以及管理流程组合构成。其中，辅助流程是提高基本流程的工作质量的流程。因此，辅助流程的结果会反映到基本流程的工作中。

管理流程是研讨/讨论、裁决基本流程和辅助流程的工作结果的场合。换言之，管理流程的结果也会反映到基本流程的工作中。因此，观察基本流程的 output，就知道量产设计是如何开展的了。

接下来，笔者将结合基本流程，按顺序介绍量产设计的具体案例。

- 量产设计的目标设定
- 构想设计
- 细节设计
- 安全设计
- 试作品评价
- 出图

7.1 量产设计的目标设定

第 3 章介绍了先行开发的"绝对领先目标"的设定工作。

在量产设计中，包括绝对领先目标在内，会设定全部设计目标。这是先行开发的目标和**量产设计的目标**的不同之处。

首先，第 2 章 2.1（p.17）介绍了商品式样和产品式样（设计目标）的区别，具体如下。

·**商品式样**是客户喜悦感和需求的技术汇总：在汽车零件领域，具体表现为站在客户角度的要求，例如汽车主机厂的系统要求的系统功能和性能需求等。

·**产品式样**是站在生产角度，实现商品式样的功能、性能、可靠性（Q）、成本（C）、开发周期和交货时间（D）的要求：在汽车零件领域，具体表现为结合整车环境和市场环境，考虑安全系数和余量，实现实物（产品）落地的制造角度的要求。

换言之，商品式样是必要条件，产品式样——设计目标是必要充分条件。客户会提供部分式样要求，我们必须将其全部转变为量产设计所需要的设计目标项目和目标数值。

这考验着我们能否洞悉客户没有直接提出的全部式样要求，并将其转换成设计目标的能力[38]。其中蕴含着设定设计目标的价值。

*38 在第 2 章介绍的雨量传感器的开发案例中，商品式样为"降雨时，雨刮会符合人的操作习惯，自动擦拭"。结合商品式样，我们决定了设计目标。然后综合考虑人的习惯，将降雨时的雨刮动作定量化。规定了具体的搭载位置、搭载方法、尺寸、耐热 max. T℃、耐震 max. Bm/sec^2、可靠性 X 年×y 万 km、通信方法等。就这样，我们找到了商品参数。

【1】 提取设计目标项目

决定上文介绍的量产设计的具体目标项目，并做成一览表（表 4-13）。大项目取决于品质（Q）、成本（C）以及交期（D）。然后，具体记录性能、功能、可靠性、尺寸、搭载、界面、成本、量产开始时间等项目。

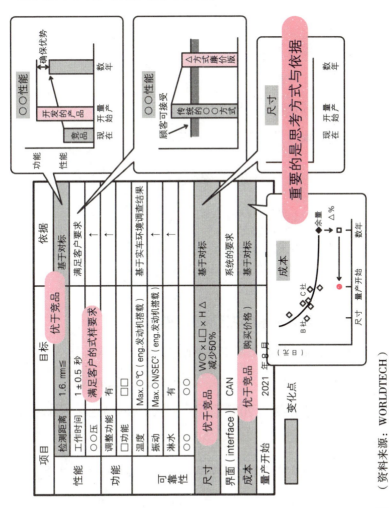

表4-13●设计目标的表现方法

（资料来源：WORLDTECH）

其次，将大项目细分为产品特有式样。例如，将性能细分为检测距离、响应性、分辨率、工作时间、扭矩等产品特有式样。将功能细分为故障处理、有无敏感度调整等产品特有功能。在可靠性中记录温度、振动、泥水等应考虑的环境项目。然后，设置设计保证期限。并根据需要，记录搭载方法。应在一览表中无一遗漏地记录全部项目。

【2】 明确设计目标

设计目标有两大原则（图4-31）。

（1）定量描述设计目标

（2）展示设计目标的思考方式和依据

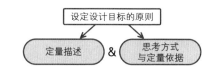

（资料来源：WORLDTECH）

图4-31●设定设计目标的两大原则

（1）设定设计目标，定量描述是基本

定量描述设计目标是基本。下面介绍几个具体例子。

·像 $\ell \pm \Delta \ell$ mm、$\leq t$ 秒一样，明确描述可接受范围。

·并且，像 HdB$\leq$/20℃ X 13V 一样，勿忘描述满足目标的条件。

·描述市场环境温度时，明确记录最低温度和最高温度。

258

·描述保证温度时，如果产品本身发热，应明确记录是否包括发热温度。

·描述振动时，记录最大振动加速度（包括最大振动加速度的频率等条件）。记录产品搭载部位的振动数值（如果产品有共振点，实际保证水平会有所变化）。

·描述尺寸时，展示宽（W）×长（L）×高（H）。

·描述搭载方式时，明确描述安装特点，例如支架螺栓式固定或一触式（one touch）固定等。

·描述成本时，记录数量条件。此外，采用的表述应让人了解目标售价（price）减掉利润后的结果。

·设定量产开始时间时，要结合客户的日程计划。

（2）展示设计目标的依据

设计目标的**思考方式和依据**十分重要。关于目标依据，应考虑如下三个条件。

·客户的要求值

·公司现有产品的数值

·竞争企业的实力

应综合考虑上述三个条件或其中部分条件，决定设计目标。三个条件的思考方式取决于产品的重要度。

第 4 章 4.2.【1】（P.158）介绍了产品的重要度，其中介绍到重要度分为 S、A、B、C 四个级别。结合产品重要度，三个条件的思考方式如下。

·级别为 S 或 A 时，以"**AND**"逻辑，考虑三个条件。

·级别为 B 或 C 时，以"**OR**"逻辑，考虑三个条件（图4-32）。

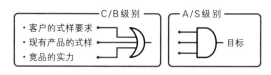

（资料来源：WORLDTECH）

图4-32 ● 设计目标数的依据

具体如下。

·完全遵照客户的要求值。

·对比客户的要求值，比如，加入 1.2 倍以上的余量。

·既满足客户的要求值，又考虑公司现有产品的实力。

·既满足客户的要求值，又优于公司现有产品，同时可以打败竞争对手的数值。

第 3 章先行开发论述的绝对领先的目标数值应同时满足三个条件。表 4-13 记录了量产设计的目标数值的依据，即客户要求、公司现有产品的数值、竞争公司的实力三个条件。

【3】定下设计目标之后，明确与基础产品的变化点

量产设计的对象产品一般都有基础产品。因为，大多数情况下，新开发的产品无非是类似产品、下一代产品或划时代产品（请参考第 4 章 4.2.【1】：p. 158）。

对比基础产品，将设计目标项目的**变化点**展示在一览表中

（表 4-13）。这样就可以在后续的构想设计和细节设计中，明确重点挑战的目标项目。对于产品变化点，必须应用量产设计力来完成。

7.2 构想设计

构想设计承接前边的设计目标，开展基础研讨，例如研讨 TOP 事件的规避方法、构想图、与竞争公司的对比情况等。具体如下。

·系统概要与产品角色的情况确认：先行开发阶段也开展这些工作，在构想设计时确认最新情况。

·**产品基本概念**的再次确认：导入先行开发阶段找到的差异化目标和技术。

·量产设计目标的确认。

·把握出现故障后，上层系统影响中的 TOP 事件：此 TOP 事件指产品出现故障时，给终端用户带来的最重大影响。

·决定规避 TOP 事件的方针。

·制作构想图：反映基本概念和量产设计目标。

·对比竞品调查结果和构想图，确认优势。

·基于临时样品，确认功能和性能。

·制作专利申请计划，调查是否侵犯其他公司专利。

·确保量产设计的开发体制。

·量产设计的日程，以及到量产开始的大日程。

关于构想图

承接前边的量产设计目标，对实现方式、结构、材料等展开基础讨论，制作**构想图**。主要围绕先行开发阶段确立的绝对领先目标的实现技术和方式，讨论结构。

在绝对领先目标之外，还存在很多其他设计目标，因此，需要明确这些目标对应的变化点的解决技术。所以，需要提取实现设计目标变化点的技术课题，研讨应对策略。

变化点的应对策略指，使用环境一旦变化，施加给产品的压力也会随之变化，因此需要研讨设计应对方案。例如，环境温度上升，将树脂或橡胶材料更换成耐热型号。振动变大时，研讨可承受更大应力的加强结构等。如果成本目标严苛，研讨削减零件数量、实现零件一体化等对策。除这些例子外，实际上还会针对其他各种各样的课题，研讨应对方案。

但是，由于还只是构想设计阶段，各项课题的研讨停留在基础讨论的水平。关于包含余量和安全系数等在内的可行性研讨，将在细节设计阶段进行。

7.3 细节设计

如果构想设计中出现具体设计课题，则需要研讨课题的应对方案。明确应对方案的**安全系数**和**余量**的是**细节设计**。

【1】决定课题的应对方案

例如，构想设计发现金属零件的固定方法是个难题，并决定采用铆接方式。这时，设计课题就是保证铆接部位的固定力。

研讨的第一步是决定**课题的应对方针**（图 4-33）。基于如下视角，选择应对方针。

·改变试作品的条件，通过大量试作，聚焦设计方案。

·通过 CAE（Computer Aided Engineering），从理论上缩小设计范围，最后通过试作品进行验证。

·只通过 CAE 研讨细节，并进行最终判断。

具体选择哪种方针，取决于部门的基础技术水平。

	变化点	开发课题	应对方针
1	检测距离 ≥1.6mm	·寻找镜片形状和反射方式的方案，选择有效的形状和反射方案	·针对选择的方案，通过模拟方法，验证检测距离和分辨率
2	分辨率 ≥0.5mm²	·构建算法 ⋮	·通过试作品和算法的组合，进行验证 ⋮
3	金属圈的固定	保证铆接部位的固定力	·通过试作品和算法的组合，进行验证 ·通过试作品，进行验证
		保证密封性	·采用与现在的量产品通用的密封结构
4	耐振性294/sec²	……	明确开发课题的应对方针
5			

（资料来源：WORLDTECH）

图 4-33●从开发课题出发，决定设计应对方针

【2】基于应对方针，明确课题的安全系数和余量

决定了课题的应对方针之后，就要定量把握各项课题的安

全系数和余量了。让我们一起讨论一下上述铆接部位的问题。如果采用理论与试作相结合的验证方针，则具体工作如下。

·将手部操作力设为 xN（牛顿），旋转扭力设为 yN·m。设定具体数值时，应灵活利用部门的设计标准等资料。

·然后，进行强度计算，确认支架固定部位的形状是否满足式样要求，保证**理论上的安系数**(Safety Factor) 高于规定值。

·其次，实施**试作品实力评价**。确认试作品的初期数值、以及耐久评价后的产品（耐久评价后产品）的数值，通过两方面的数值验证旋转扭力。

就像这样，验证试作品时，不仅要确认初期数值，还要确认**耐久评价后产品**，需同时满足设计目标（图4-34）。

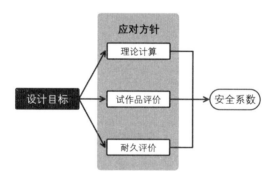

（资料来源：WORLDTECH）

图 4-34 ● 基于应对方针，进行细节设计

这个案例基于理论，实施**参数设计**等工作，通过试作品采集数据，进行验证。如果一个课题存在多个原因，则需首先进行**原因分析**。比如有 10 个原因，则需针对这 10 个原因，展开同样的研讨（图 4-35）。如果有 N 个课题，每个课题有 n 个原因，则需进行 N×n 次理论分析和实验验证相结合的细节设计。细节设计耗费大量时间的原因就在于此。

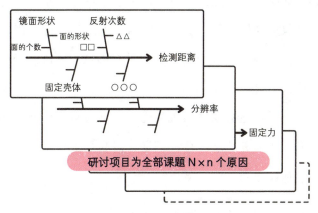

（资料来源：WORLDTECH）

图 4-35●提取所有应研讨的原因

7.4 安全设计

安全设计指实施设计措施，即使开发的产品出现事故，也不会导致重大故障。**重大故障**指汽车失控、火灾等影响生命安全的**重大致命故障**。虽然不会导致重大致命故障，但发动机熄火（engine stop）、无法行驶等丧失基本功能的故障也属于重大故障。此外，违反法规也是绝不可以出现的故障。

为避免出现重大故障，安全设计需研讨两个方面，分别是对上层系统的安全设计和开发产品本身的安全设计。

【1】 对上层系统的安全设计

对上层系统的安全设计指明确开发的对象产品出现故障时对上层系统的影响。

确认即使产品故障，也不会给上层系统带来重大故障，比如有**失效保护的机制**等。例如，确认开发的汽车零件出现故障时，是否会影响到其他构成件，如果有影响，确认是否已采取规避方法，不会造成重大故障。

还要确认其他构成件出现故障时，不会给自己开发的产品带来影响。如果上层系统存在问题，需联系上层系统的负责部门或客户加以解决。

【2】 开发产品本身的安全设计

产品的安全设计分如下两种。

（1）避免导致重大事故的设计处理[39]

（2）避免引起火灾（Fire Hazard，FH）的设计处理[40]

＊39 例如，导致换挡控制不良的故障模式中，有一种是速度传感器的输出信号异常。我们针对输出信号异常，展开 FTA 分析（图 4-F）。

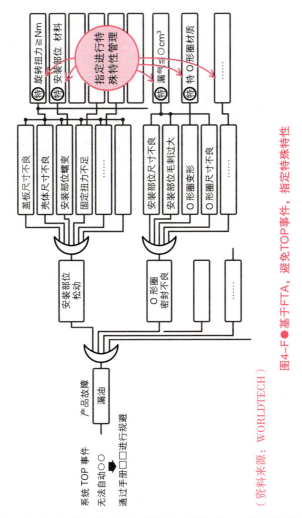

图4-F●基于FTA，避免TOP事件，指定特殊特性

（资料来源：WORLDTECH）

具体做法是，在图纸中明确记录需实施重点管理。实施方式是，在量产时，针对此项目，采取全数检查，或增加抽检的频率。例如，如果重点管理项目为弹簧荷重，那么采取的措施是，指示弹簧供应商重点管理弹簧荷重，与此同时，在收货时，增加抽检的频率等。通过这样的设计处理，规避会给系统带来影响的重大故障。

*40 处理 FH 的原则是双重故障处理。图 4-G 为电容器短路与保护电路故障的双重故障。但即使 FH 在设计上为双重故障，也需进行实物

确认。

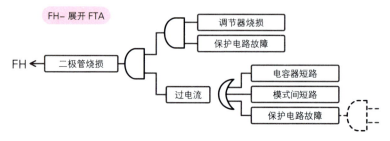

（资料来源：WORLDTECH）

图 4-G●基于 FTA 的双重故障设计

此时，需要确认如下三种情形。

·第 1 种情形是电路电阻短路，但保护电路正常。

·第 2 种情形是电路电阻短路，保护电路以勉强可通电的电流继续通电。

·第 3 种情形是电路电阻短路，具有保护功能的保护电路无法正常发挥作用。

分别确认以上三种现象。最好是三种情形都不会出现向车外冒烟的情况（图 4-H）。

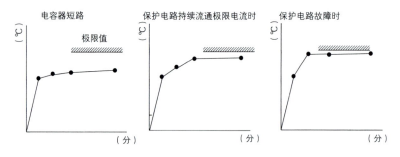

（资料来源：WORLDTECH）

图 4-H●验证 FH（火灾）的三个步骤

两种情形都会采用**FTA**（Fault Tree Analysis：故障树分析）。针对重大故障或**FH**，实施 FTA 分析，进行设计处理。

展开 FTA，无非是"and（∩）"和"or（∪）"关系。以 and 连接时，设计上的双重故障是成立的，即安全设计也是成立的。

如果只是 or 的关系时，需要确定是否对 FTA 分析得出的对应零件管理项目实施**特殊特性管理**（重点管理）。（图 4-32）。

7.5 试作品评价

细节设计结束后，就来到了试作品评价阶段。试作品评价分为【1】初期评价和【2】耐久评价。

在【1】**初期评价**中，确认产品是否满足功能、性能等设计目标。十分重要的是基于合适的 n 数，确定安全系数。正常来说，确保可信度95%，需要大量的试验样品。因此，基于经验确定必要的 n 数，是更加现实的做法。

在【2】**耐久评价**中，重要的是**决定评价项目和条件**。然而，这并不简单。因为，我们必须有据可依。**评价项目的选择依据**是"思考方式"和"着眼点"。思考方式有评价 TOP 现象、评价目标变化点、依据过往经验选择评价项目等。例如，在注（＊39）展示的换挡控制不良的故障模式——"速度传感器输出信号异常"中，思考方式为筛选到树脂材料和电子零件，并参考过去的不良案例，考虑树脂吸湿引起短路，将着眼点放在焊锡上。

找到着眼点之后，接下来就需要结合实际使用（实车）环境，决定评价着眼点的耐久项目和条件了。从热冲击、低温放置等一般性评价项目，到着眼点引出的产品特有项目，例如自动传动油（ATF）试验、异物试验等，再到破坏性试验的 PCT（Pressure Cooker Test：高温、高湿、高压条件下实施的试验）和复合环境试验等，应注意全面、无遗漏地设定耐久评价项目（图 4-36）。

关于试验条件，重要的是可以在客户提出的条件的基础上，额外增加条件。例如，在冷热循环实验中，客户提出 2000 个循环，能够判断其是否是符合市场环境的合理水平，是十分重要的。如果判断循环次数不够，则必须设定公司内部条件，例如实施 3000 个循环（图 4-37）。

试验品数量也很重要，需明确记录"N＝○个"。应充分讨论**N 数的合理性**，要达到极限可信度 95%，需要几十个试验品，但实施几十个样品的耐久试验，并不现实。如果试验项目有 10个，那么试验品数量将非常庞大。因此，应结合过去的经验水平，设定现实合理的样品数量。

对于耐久试验过后的产品，应展开详细的拆解调查，发现不良征兆。

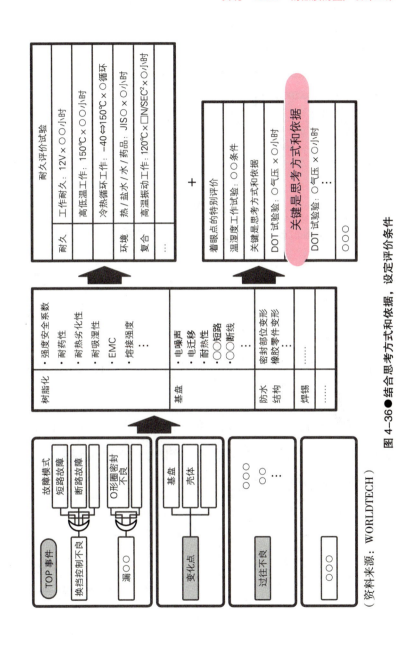

图 4-36 ● 结合思考方式和依据，设定评价条件

（资料来源：WORLDTECH）

271

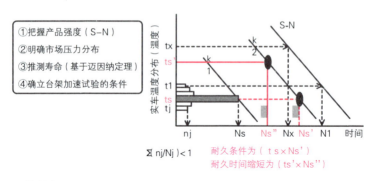

①把握产品强度（S-N）

②明确市场压力分布

③推测寿命（基于迈因纳定理）

④确立台架加速试验的条件

$\sum (nj/Nj)<1$

耐久条件为（ｔs×Ns'）

耐久时间缩短为（ts'×Ns''）

（资料来源：WORLDTECH）

图4-37●市场环境与加速试验条件的关系（例）

⇔

7.6 出图

执行量产设计的基本流程，确认结果达成目标之后，就可以向下一工程输出**量产图纸**了。

发行图纸时，出图专职人员和设计者必须从多方面确认图纸没有不足之处。详细内容请参考量产图纸的**DFM 研讨会**（请参考第 4 章 4. 2.【6】：p. 229）。

第 **5** 章

防止设计阶段的工作
流于形式

设计力是将客户需求彻底转换成"实物"的力量（请参考第 2 章）。基于此，笔者介绍了如何彻底做好先行开发和量产设计，即"先行开发的设计力"（请参考第 3 章）和"量产设计的设计力"（请参考第 4 章）。同时，要想"彻底做好"每个设计阶段的工作，需齐备七个设计力要素。

在第 5 章，笔者将介绍活用和执行七个设计力要素时，应注意些什么。

 依次备齐七项设计力

无论是先行开发，还是量产设计，七个设计力要素都不可或缺。即，【1】设计流程（先行开发的流程，量产设计的流程），【2】技术知识和诀窍，【3】各种工具，【4】人与组织，【5】判断标准，【6】研讨/讨论和审议/裁决，【7】风土/土壤。

首先，希望大家将第 3 和 4 章介绍的七个设计力要素与自己的职场情况进行比较。然后，依次补充自己没有的（或不足的）设计力要素，并不断丰富设计力要素的内容。

判断自己的情况，依次补充并丰富设计力要素，不可流于形式，必须有内容、有质量。为此会花费大量的精力和时间。但无论是先行开发，还是量产设计，基于自身情况，修改工作流程，都非常重要。

接下来介绍一下注意点吧。

依次备齐设计力要素时的注意点

首先，要从力所能及之处，一点一点开始。最重要的是，不要一开始就追求过高目标，而是要脚踏实地，**坚持**下去。坚持将带来水平的提升。坚持做好一项，水平提升之后，再开始新一项吧。在过程中发现应改善的问题时，一定要反馈到设计力中去。未来之路取决于能否脚踏实地坚持。请以年为单位，用长远的眼光观察效果吧。即使是设计力人人称赞的公司，也是多年来一步一步积累得来的。我们应日复一日地寻找问题，不怕失败，反复尝试，磨炼自己的水平。这条路没什么"到此结束"，贵在坚持，哪怕只会变好一点点，也要不断改善工作内容和机制，寻求改良。

让我们以这样的姿态，持续改善设计力，备齐设计力七要素吧。一边应用一边改善，设计力会将有所提升。因此，每日的工作态度非常重要。

2　尤其应注意些什么

即使具备了七个设计力要素，进行研发时，也有应特别注意的地方。那就是，<u>不以做过为目的</u>。

例如，在量产设计阶段的设计力工作中，有执行设计流程、回顾过往失败以规避相同原因的品质不良、遵守标准设计等规定和标准文件、通过设计评审（DR）发现问题、通过决议会判断能否转移至下一阶段等多项工作。需注意，这些工作绝不是为了做而做。

为了做而做，就是**流于形式**（形式化）。我们必须避免流于形式。

工作流于形式有各种各样的原因。例如，没有应用已有技术知识、沟通不足、团队合作不够、还未理解全面就开始工作、技术传承不够（图 5-1）等。一句话总结就是，没有作为专业人员执行设计力。防止工作流于形式，全体工作人员必须成为专业人员，灵活应用设计力。

<u>这里的**专业人员**并不是水平高超的专家或资深人士。而是全部相关人员都最大限度地发挥自身的潜在能力</u>[1]。这样，在执行时，就能最大限度发挥出设计力了。

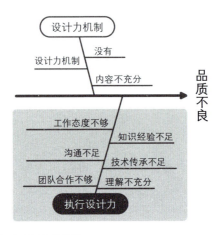

（资料来源：WORLDTECH）

图 5-1●设计力工作流于形式的问题也存在于执行阶段

＊1 以前某档电视节目介绍过燃料电池车（FCV）的开发故事。节目介绍了开发燃料电池车所需要的心态和各种各样的故事。节目中提到"挑战新产品，从来都不容易，这是一条充满荆棘的道路。但，千万不要忘记梦想""靠自己的力量，找到各种问题的答案""执着坚持，追求更好""不变的追求，让梦想成真"。在节目的最后，有这样一段话，"专业人员指拥有信念，不断奋斗，能够实现梦想的人们。他们无论在怎样艰苦的环境之中，都能创造出成果"。好像专业人员就是这样怀抱信念，日夜钻研的人。

也许，听到"专业人员"这个词，大家会觉得跟自己没关系，认为"专业人员是求得真知之人。而自己还很稚嫩，不算专业人员"。

但我并不这么认为。供职于企业的人，大多数情况下都是在组织中工作的。而组织中既有初出茅庐之人，也有资深专家。谁都不可能一进公司，就做资深专家。但初出茅庐也要发挥初出茅庐之人的职能。每个人应担任符合自身经验和岗位的角色，并在该角色中，最大限度地输出成果。如果组织里全部员工都能最大限度地发挥自身潜力，即便人人恐惧的难题，也能获得一些成果吧。而成果属于坚定信念、朝着梦想奋发前进的全体专业人员。

换言之，专业人员就是"持续最大限度地发挥力量的人"。汇集了这种人才的组织，无论在多么困难的环境中，都能拿出些成果。所以，所有人都必须抱有专业人员的心态。彻底做好设计阶段的工作，需要所有人站

278

在各自的立场，持续最大限度地发挥自身力量。这是所有人都应该具备的素质。只有这样，个人的设计力才会提升，团队的设计力也会随之提升。在个人和组织的螺旋上升的循环作用下，公司的设计力也会不断提升。

其关键是，最大限度地发挥已有设计力的力量。为此，需要设计者作为专业人员，灵活地应用设计力。最终，设计力也会获得提升。

设计者和设计力呈**螺旋式上升的良性循环**。

3 不重形式，重内容，重质量

介绍两个易流于形式的代表案例吧（图 5-2）。分别是【1】仅参加 DR，并无意义，以及【2】徒有 FMEA（Failure Mode and Effects Analysis）之表，并无意义。

- 召开过讨论会和验证会，就够了
  → 仅参加 DR，并无意义
- 用过辅助流程（设计辅助）工具
  → 仅做过 FMEA，并无意义

有积累下来的技术知识和财产，就满足了
→ 没有完美应用开来

（资料来源：WORLDTECH）

图 5-2●易流于形式的代表案例

【1】仅参加 DR，并无意义

DR 属于第 6 个设计力要素——"研讨/讨论和审议/裁决"。DR 由七要素构成，分别为（1）DR 的种类，（2）实施时间，（3）讨论对象的构成项目，（4）项目内容，（5）成员，（6）运营，（7）横向展开。第 4 章 4.2.【6】详细介绍了量产设计的 DR 七要素。有效开展 DR，需齐备七要素，并按照七要素机制执行。此外，在执行时，如果能注意到以下要点，DR 将不易陷入形式化，取得更好的效果（发现）。

避免形式化的注意点

为**防止陷入形式化**，请注意以下几点：丰富项目内容（请参考第 4 章 4.2.【6】：p220）（设计研讨和评价条件要有理论和定量依据，且确认内容全面无遗漏）；参加成员具备必要的技术知识〔努力邀请专家委员（请参考第 4 章 4.2.【6】：p.221）〕；让 DR 成为讨论之地〔议长发挥作用（请参考第 4 章 4.2.【6】：p.221〕。

（1）关于项目内容

以节点第 2 次 DR 为例进行说明。会前准备图纸、产品展示板和说明资料。根据第 4 章 4.2.【6】（p.206），决定资料的合理构成（目录）。然后根据资料构成，制作资料，与此同时，必须丰富资料内容。因为，**资料内容**的水平高低，决定了 DR 能否避免形式化[*2]。

＊2　DR 的讨论对象就是资料内容。所以，如果资料内容足够充分，将带来有效发现，进而提升 DR 形式化的预防效果。但是，跟其他六项构成要素不同，其他六要素可以通过 DR 实施要领书规定下来，而资料内容是"此前的技术讨论的内容"，产品不同，内容也不同。因此，无法标准化。这就是资料内容的难度所在。

丰富项目内容的两个要点

丰富项目内容，需注意两个要点。

①展示结论的依据

展示**得出结论的思考方式和依据**。且该依据（尽可能）有理论论证，并通过了实验的定量验证[3]。

＊3　需要展示定量依据的有设计目标、基本方式的选择、细节设计的安全系数、余量、特殊特性的指定、评价项目与评价条件等。关于整体资料的构成项目和内容，已于第 4 章介绍。

②意识到开始准备资料时 DR 就已开始

在**资料的准备阶段**，其实 DR 就已经开始了。努力制作必要且充分的资料时，担当就会有所**发现**。这种发现可以大大提升 DR 的质量。所以在资料的准备阶段，DR（发现工作）就已经开始了[4]。

＊4　其实在 DR 工作中，准备阶段是极其重要的。从笔者的经验来看，准备资料时，会有很多发现。我因此切身感受到了准备资料有多么重要。在实际准备资料的过程中，会有大量发现，比如数据不够、部分项目未实施等。因此，制作 DR 资料十分重要，应全力以赴。反过来，如果没有充分准备资料，设计人员是无法发现自己的研讨疏漏或考虑不周的。如果带着不充分的资料参加 DR，结果将偏离 DR 的主旨——"发现并解决残留的 1%～2% 的课题"，最后很可能白白浪费了大家的宝贵时间。

意识到这两点，认真准备资料，可以提高资料的水平。DR 参会人如果能够理解资料的内容，就一定会有所发现。因此，总结资料时，请牢记要清晰易懂，那种只有设计人员自己能理解的、"唯我独尊"的资料，毫无意义[*5]。

[*5] 第 4 章 4.2.【6】(p.198) 介绍了 DR 资料的展现方式，在此，笔者说明一下要点。首先，在 DR 中，不要直接用原始数据进行说明。单纯罗列原始数据，听者是无法理解的。其实在这种场景下，往往说明人也理解得不通透。汇报时，重要的是说明从原始数据分析得出的"可说之处"，例如安全系数、余量、理论与实验结果的统一性等。而且，应通过图表进行展示。

然后是，一个课题一页纸。用几页资料说明一个问题，对准备资料的人来说很简单，但资料会冗长复杂，听者难以理解。因此，课题、讨论方法、理论分析、实验结果等内容都应该总结在一页资料中。为此，需要资料制作人先在脑海中厘清思路。

更加重要的是，注意让资料具备故事性。多项资料，各说各话，对听者而言是很难理解的。尤其在节点 DR 中，讨论内容涉及方方面面。所以，即使有多个讨论课题，也要制作出有一条故事线的资料。资料深入浅出、清晰易懂，可以加深参会人的理解，提升会议效果。

综上所述，防止 DR 流于形式，资料内容和总结方法都需处于较高水准。**总结能力是重要的设计力**。通常，看到发下来的 DR 资料之后，就能知道设计者和负责部门的设计水平了。因为资料反映了一家公司的设计力。请铭记"资料的水准就是公司的水准"。

准备了合适的 DR 资料，就能从参会人那里收获发现。这里的发现，对于设计人员和负责部门来说，是宝贵的知识。获得许多发现之后，设计人员的水平就会有所提升。通过不断积累，设计人员和负责部门的设计力水平会描绘出一条螺旋式上升的曲线。当然，DR 的水平也会随之提升（图 5-3）。

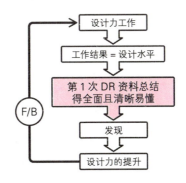

（资料来源：WORLDTECH）

图 5-3 ● DR 资料有助于提升设计力

总结而言，我们应提升设计力，并应用到 DR 的构成七要素中去。这样就可以提升七要素中尤为关键的"项目内容"的质量。也可以这样说，让 DR 效果更佳的人才培训，就是提升设计力。

（2）是否是讨论之地

DR 绝不可以成为决议之地（请参考第 4 章 4.2.【6】：p. 198）。DR 的定义是倾注全部智慧和力量的场合。为此，需要全体参会人唇枪舌剑地交流意见，展开深入**讨论**。因此，议长的角色很重要。议长要避免最高级别参会人在会上做一言堂，引导更多人发表意见。

采用点名发表意见的方式等，议长应尽可能营造参会人以平等的立场，进行技术讨论的会议氛围。

MEMO **对决议会形式化的考察**

如果持续向市场流出品质问题，请思考 DR 和决议会可能流于形式了。DR 和决议会是管理流程（请参考第 4 章 4.2.【6】：p.198）。它们存在的意义是，发现业务疏漏和不足，并拉回正轨。如果发生了市场不良，说明管理流程很可能未有效发挥作用。换言之，管理流程流于形式，徒有其表了。

决议会一般会确定决策者、讨论/审议的项目、实施时间等。根据对象产品的重要程度，决定决策者由谁担任。重要程度取决于产品和市场环境的新颖性、生产规模等因素，如果产品重要度级别高，将由品质责任董事等顶级领导担任决策者。

关于讨论和审议的项目，清晰易懂的汇报非常重要。汇报的技术课题首先要理论上成立，并且通过实验的定量化验证。同时，要具体展示试验条件和试验方法，并明确说明数据的处理方式和判断标准。对决策者的正确判断来说，清晰易懂的汇报是必不可少的。

汇报人要赌上尊严参加决议会，决策者要以对等的严肃心态，听取汇报。虽然只是公司内部的会议，但这是个不容松懈的一决胜负的场合。正因为要一决胜负，才能发现讨论疏漏或不足。

一般来说，从量产设计到生产（量产）开始，有几个这样的一决胜负之时。例如，从构想阶段转移至细节设计阶段时，输出量产图纸时，量产品开始出货时等。此外，改正市场问题时，也需要这样一决胜负的会议。如果持续向市场流出品质问题，我们必须反省"是否有对应的管理流程——发现业务疏漏和不足，并拉回正轨的会议"，"为防止品质问题流向市场，管理流程中的决议会是否有效发挥了作用"，以及"汇报人和决策者是否严肃认真地参加了会议"。确认工作是否流于形式，请一定做好反省回顾。

（3）仅实施 FMEA，并无意义

第 4 章第 3 节（p.146）介绍了 **FMEA**（Failure Mode and Effect Analysis：失效模式和影响分析）的局限。FEMA 的局限有两点，分别是①效果有限，②为了做而做。

①效果有限

整理已发现的问题，通过记录，明确模糊的知识点，在这些方面，FMEA 是有效的方法。但是，不能期待 FMEA 帮我们回想已忘记的知识点，即使想起来了，也很难与现在的设计联系起来[*6]。

[*6] 即使产品不同，故障现象也不同，但原因相同的情况有很多。但如果产品和故障现象不同，人们是很难将过去的失败经验应用到当下的设计中的。第 4 章第 2 节（p.143）有具体不良案例的说明。

②为了做而做

经常发生这样的情况，填写 FMEA 工作表（Work sheet）变成了工作目的，忘记了工作的初衷是将品质问题防患于未然（图 5-4）。换言之，这项工作的本质反而不那么重要了。这就是**FMEA 流于形式**(形式化)。[*7]

*7 制作FMEA时，经常出现这样的状况。制作FMEA往往很紧急。例如，如果今天不完成，不获得领导的审批，就无法进行到下一阶段。或在“明天就是客户规定的截止日期”的紧迫状态下，开始制作FMEA。但即使是简单的零件，FMEA也有好几页，光填表格就很累了。如果交期紧张、被人追着，将很容易忽视FMEA的内容，为了填表而填表了。这样一来，FMEA的目的——将品质问题防患于未然就变得次要了。

这种情况下，上司也没时间仔细检查FMEA。看着拿过来的工作表，上司问下属“你都认真研究过，确认没什么疏漏和问题了吧?”然后下属回答说“是的，我认真研究过了。”就这样，检查就算结束了。我们很难期待这样就审核通过的FMEA可以将品质问题防患于未然吧。

以填写和提交FMEA工作表为目的的职场，更注重FMEA已实施这一证据（evidence）。而FMEA不过是个**管理工具**，相比其内容，更重视做没做过，这就是典型的形式化。

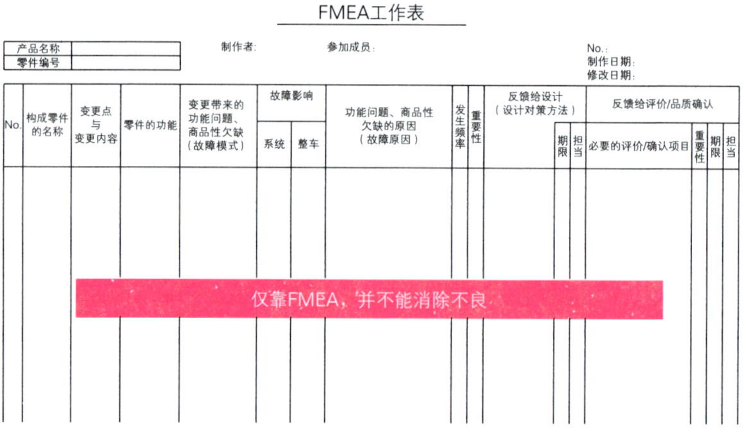
FMEA工作表

产品名称	
零件编号	

制作者：　参加成员：　No.：　制作日期：　修改日期：

No.	构成零件的名称	变更点与变更内容	零件的功能	变更带来的功能问题、商品性欠缺（故障模式）	故障影响		功能问题、商品性欠缺的原因（故障原因）	发生频率	重要性	反馈给设计（设计对策方法）			反馈给评价/品质确认			
					系统	整车					期限	担当	必要的评价/确认项目	重要性	期限	担当

（资料来源：WORLDTECH）

图5-4●FMEA工作表

通过DRBFM，打破形式化

防止FMEA陷入形式化的工具是**DRBFM**（Design Review

Based on Failure Mode）。第 4 章 4.2.【6】（p.198）介绍了
DRBFM。DRBFM 中的 DR 是设计评审的意思。以预防品质问题
为目的，聚焦于新设计和设计变更（变化点和变更点），实施设
计评审。图 5-5 展示了 DRBFM 工作表（Work sheet）。

DRBFM WORK SHEET（新设计及设计变更专用）

Design Review Based on Failure Mode

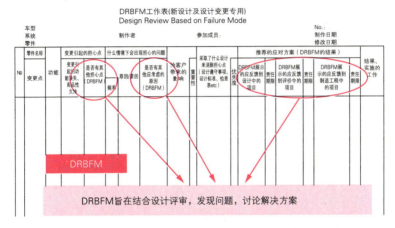

（资料来源：WORLDTECH）

图 5-5●DRBFM 工作表

DRBFM 不以填表为目的，旨在开展充分讨论。觉得"还有
一些故障模式没有讨论到""应该还有其他原因""也可以有这样
的设计思路"时，应将 DRBFM 作为促进充分讨论的工具，使用
起来。

DRBFM 属于设计评审，让我们试着把它匹配到第 4 章介绍
的设计评审的要素中去吧。DR 的构成七要素，即 DRBFM 的构

成七要素如下。

①DR 的种类：DRBFM。

②实施时间：DFM1（请参考第 4 章 4.2.【6】：p.198）与第 2 次 DR 之间必须实施。

③讨论项目：工作表横栏中的项目（对象产品、担心点、原因、设计处理等）。产品为零件时，讨论对象为变化点和变更点[*8]。

*8 DRBFM 的对象是有变化点或变更点的零件。与此形成对比，FMEA 以所有零件为对象。工时（时间×人）是有限的。限定讨论对象，对每个零件展开深入讨论的是 DRBFM（图 5-A）。

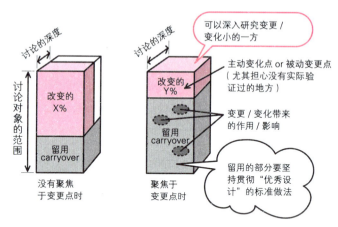

（资料来源：WORLDTECH）

图 5-A●DRBFM 通过聚焦，加深讨论

DRBFM 的机制与 DR 相同。首先决定 DR 构成七要素中的①DR 的种类，②实施时间，以及③讨论项目。④项目内容、⑤成员、⑥运营以及⑦横向展开的思路与 DR 相同。DRBFM 聚焦在变化点和变更点上，是针对工作表所记项目，实施讨论的 DR[*9]。

*9 DRBFM 集中讨论变化点和变更点。在图 5-B 中，对比目标寿命 "$B_{0.1\%}$"，寿命曲线 "A" 具有足够的鲁棒性。然而，随着环境的变化（变更点），鲁棒性下降，低于目标寿命。在环境变化的基础上，如果实物（零件）变化（变化点），寿命曲线会变为 "B"，那么即使在曾经没问题的环境中，也无法满足寿命目标了。

就像这样，我们必须明确变化点和变更点对鲁棒性的影响。这就是 DRBFM 的目的。

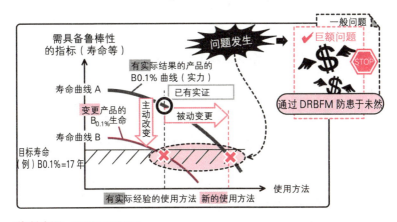

（资料来源：WORLDTECH）

图 5-B●主动变化点（变化点）和被动变更点（变更点）与鲁棒性的关系

④项目内容：担当负责填写工作表，制作基础资料。相关人员基于资料，展开讨论。

⑤成员：除设计部门之外，生产技术、生产、品质以及材料/加工技术等构成技术的各部门专家需要出席。

⑥运营：召开 DRBFM 研讨会（相当于第 4 章 4.2.【6】：p. 198 的单独研讨会）。一般标准为 3 小时/日，反复实施，直至讨论完毕。在确定重要性时、进行设计处理时、遗留问题解决

完成时，召开 DRBFM。最好分三次召开。

⑦横向展开：将 DRBFM 中获得新知识反馈到部门的标准文件中。

MEMO　在 DRBFM 中深入讨论是非常重要的。如何加深 DRBFM 的讨论，其注意点和要点是有些深奥的。但万事准备最重要，DRBFM 也一样。介绍两个要点吧。

（1）召集最合适的参会人。详细内容，请参考第 4 章 4.2.【6】：p. 198。

（2）参会人充分了解讨论对象。具体有如下四个注意点。

①充分了解式样要求（商品式样、产品式样）

· 客户的式样要求

· 零件以及零件之间的特性

· 法规要求

品质不良指产品无法满足式样要求。因此，在 DRBFM 上讨论品质问题，需充分了解式样要求。（请参考第 2 章 2.1：p. 17）

②充分了解使用环境

· 从产品的使用环境到使用方法，进行全方位讨论

· 确认压力水平

产品发生劣化是由于暴露在压力之中。充分了解使用环境，是讨论预防品质问题的第一步（请参考第 4 章 4.2.【6】：p. 198）。

③分享变化点与变更点

设计类似产品时，应灵活应用变化点和变更点检查表（表

5-A），明确对象产品的变化点和变更点（表 5-B）。

表 5-A●变更点检查表

（资料来源：WORLDTECH）

对象	产品/零件												
	结构	零件	形状	材质	表面处理	接合方法	加工方法	安装	回路	软件	界面	成本		
变更点														

变化点和变更点可能导致鲁棒性下降（图 5-B）。

表 5-B●变化点和变更点比较

（资料来源：WORLDTECH）

零件名称	参数	旧结构	新结构	其他
支架	形状	（图）	（图）	搭载空间变窄，更改形状和厚度
	板厚	○○ mm	△△ mm	
	温度	80℃	○○℃	搭载、车内发动机舱
	振动	△△		

④活用过往麻烦的案例

·切实掌握过去的不良案例，并应用到当下的设计中来

其实很多品质不良都重复着相同的原因。应用过往麻烦的经验教训非常重要（请参考第 4 章 4.2.【2】：p.166）。为了深入讨论，故障模式、故障原因、设计处理等每个 DRBFM 的项目，都有讨论要点。表 5-C 汇总了在 DRBFM 中应讨论的要点。

表5–C●DRBFM的要论要点

（资料来源：WORLDTECH）

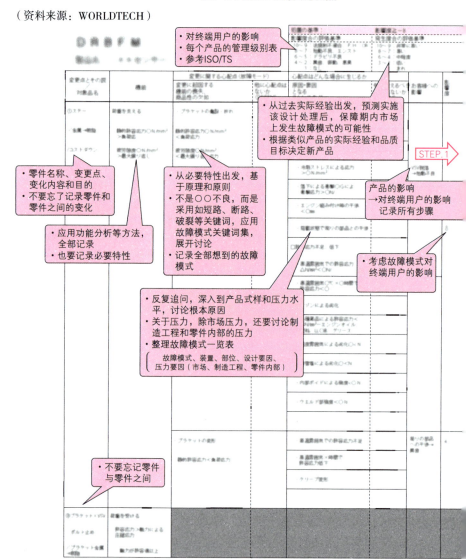

- 对终端用户的影响
- 每个产品的管理级别表
- 参考ISO/TS

- 从过去实际经验出发，预测实施该设计处理后，保障期内市场上发生故障模式的可能性
- 根据类似产品的实际经验和品质目标决定新产品

- 零件名称、变更点、变化内容和目的
- 不要忘了记录零件和零件之间的变化

- 应用功能分析等方法，全部记录
- 也要记录必要特性

- 从必要特性出发，基于原理和原则
- 不是○○不良，而是采用如短路、断路、破裂等关键词，应用故障模式关键词集，展开讨论
- 记录全部想到的故障模式

- 产品的影响
  →对终端用户的影响记录所有步骤

- 考虑故障模式对终端用户的影响

- 反复追问，深入到产品式样和压力水平，讨论根本原因
- 关于压力，除市场压力，还要讨论制造工程和零件内部的压力
- 整理故障模式一览表
  - 故障模式、装置、部位、设计要因、压力要因（市场、制造工程、零件内部）

- 不要忘记零件与零件之间

STEP.1

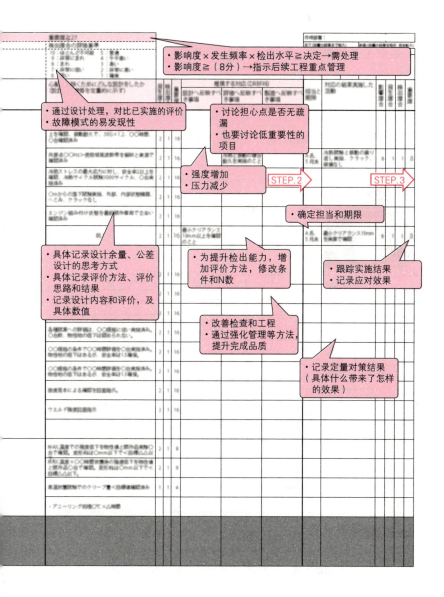

- 影响度×发生频率×检出水平≧决定→需处理
- 影响度≧（8分）→指示后续工程重点管理

- 通过设计处理，对比已实施的评价
- 故障模式的易发现性

- 讨论担心点是否无疏漏
- 也要讨论低重要性的项目

- 强度增加
- 压力减少

STEP.2　STEP.3

- 确定担当和期限

- 具体记录设计余量、公差设计的思考方式
- 具体记录评价方法、评价思路和结果
- 记录设计内容和评价，及具体数值

- 为提升检出能力，增加评价方法，修改条件和N数

- 跟踪实施结果
- 记录应对效果

- 改善检查和工程
- 通过强化管理等方法，提升完成品质

- 记录定量对策结果（具体什么带来了怎样的效果）

MEMO 通过案例解释一下什么是"深入讨论"。深入展开设计研讨是非常重要的。

这是个支架的例子。金属支架（产品S）是搭载在发动机上的零件。曾用于A车Y型号发动机，现在要扩大到B车H型号发动机上。出于搭载空间的原因，必须改变支架的形状。那么，应该如何开展设计研讨呢（图5-C）。

设计流程说明书		技术知识与技术财产的应用
1	整车环境调查（温度、振动、进水、油、飞石等）	测量时的实车驾驶条件（发动机转数、负荷）
2	设定耐久评价条件（耐振性、耐热性等）	将实车测量结果转换成台架（台上）耐久的条件
3	把握支架的应力安全系数	CAE分析与实机的统一性
4	设定耐久评价条件（耐振性、耐热性等）	与实车状态相符的振动实验设备的安装方法等
5	耐久试验（确认共振点，把握高温振动耐久性）	基于实车，观察确认与相邻零件的可接受间隙等
6	针对担心的变化点，实施FMEA(DRBFM)，讨论如何预防品质问题	有效实施FMEA（DRBFM）的方法
7	详细调查耐久试验后的产品（支架与内部观察）	详细调查耐久后产品的方法（CT扫描，断面切割等）
8	针对整车故障模式中的最上方事件，实施FTA分析	把握最坏故障模式，设置失效保护
9	召开图纸研讨会，必要时召开第2次DR和决议会	有效实施DR和品质保证会的方法等

发动机图片为示意图。

（资料来源：WORLDTECH，照片：日经×TECH）

图5-C●改变一个支架，应讨论的设计项目

・调查 B 车 H 型号发动机的市场环境压力

・结合市场环境压力的调查结果，设定耐久评价条件（温度、振动等）

・保证支架应力的安全系数

・实施耐久试验，详细调查耐久试验后的产品

・确认实车安装情况，确认是否有干涉等

・回收并详细调查实车试验后的产品

・采用 DRBFM，讨论如何预防不良问题，以及设计上如何处理

・确认并处理品质问题的最上方事件（确认并处理对产品 S 和对上层系统的影响）

综上所述，即使只改变了支架的形状，应考虑的设计问题就如此之多。这就是为什么全面深入的设计讨论那么重要了。

第 **6** 章

挑战绝对领先产品
设计者应有的姿态

至此，笔者介绍了先行开发和量产设计的设计力。本章将首先比较两阶段的设计力，论述其差异。然后聚焦于设计力七要素中最重要的第 4 项——"人与组织"中的"人"，结合实施先行开发和量产设计应具备的素质，介绍挑战绝对领先产品时，设计者应有的姿态。

先行开发与量产设计的设计力比较

先行开发是为了探寻绝对领先目标的达成方案。而量产设计是为了保证"120%"的品质。为达成上述目标，设计力必不可少。所需设计力有如下七要素（七个设计力要素）。

【1】设计流程（先行开发的流程，量产设计的流程）

【2】技术知识和诀窍

【3】各种工具

【4】人与组织

【5】判断标准

【6】研讨/讨论和审议/裁决

【7】风土/土壤

第 3 章介绍了先行开发的**七个设计力要素**，第 4 章论述了量产设计的七个设计力要素。虽然数量相同，但设计力要素的内容却不同。让我们比较一下先行开发和量产设计的设计力，总结其差异吧。

【1】设计流程（表6-1）

表6-1●第1个设计力要素

——"设计流程（先行开发的流程，量产设计的流程）"

（资料来源：WORLDTECH）

设计流程		先行开发的流程	量产设计的流程
主要差异点	构成	突破大型课题的步骤	预防研讨疏漏的步骤
	目标	设定绝对领先目标，确立技术方案	制作通过理论论证和实验验证的图纸
共通点		由基本、辅助、管理三个流程构成	

先行开发的设计流程（**先行开发的流程**）设定绝对领先目标，确立技术方案。具体有选择系统领域和产品、把握真正的需求、对标、实机调查、设定绝对领先目标、确立瓶颈技术、开发促进会等近40个步骤（请参考第3章4.2.【1】：p. 66）。

而量产设计的设计流程（**量产设计的流程**）的目的是制作通过理论论证和实验验证的图纸。由构想设计、细节设计、参数设计、DRBFM研讨会、过去失败案例的应用、试作品评价、实机环境调查、供应商DR、节点DR、品质保证会等约40个步骤（请参考第4章4.2.【1】：p. 151）构成。

无论是先行开发，还是量产设计的流程，都由**基本流程**、

辅助流程、**管理流程**三个流程构成。

【2】 技术知识和诀窍表（6-2）

表6-2●第2个设计力要素——"技术知识和诀窍"

（资料来源：WORLDTECH）

技术知识和诀窍		先行开发	量产设计
主要差异点	应用的技术知识和诀窍	成功案例	失败案例
	目标	明确技术课题的应对方针，引入新技术	不产生相同原因的品质不良
共通点		丰富基础技术（产品特有技术、产品共通技术等）	

先行开发是开拓未知的工作。通过对比成功案例，可以发现以前没注意到的问题。此外，从**成功案例**出发，有助于找到技术课题的解决方案，跨越技术难题。然后确立新技术，获得新知识。因此，整理丰富的成功案例是十分必要的。

毋庸置疑，在研究新技术时，必须具备坚实的技术基础。技术基础牢固，是挑战新技术的必要条件（请参考第3章4.2.【2】：p.79）。

而量产设计是在先行开发开拓出来的技术的基础上，提升技术质量的工作。换言之，是打磨技术水平，争取"生产100万个零件，也不产生1个品质不良"的工作。对量产设计来说，从过往**失败案例**学到的经验知识非常重要[*1]。当然，还必须广泛活用基础技术。因此，充足的基础技术是非常必要的（请参考到第 4 章 4.2.【2】：p.166）。

【3】各种工具（表6-3）

表6-3●第3个设计力要素——"各种工具"

（资料来源：WORLDTECH）

各种工具		先行开发	量产设计
主要差异点	种类	·突破阻碍因素的发散性思维方法 ·最新的 MBD 和 CAE 等模拟分析工具	预防品质不良的工具
	目标	·不被常识束缚，不先入为主 ·为突破技术瓶颈，有效活用分析工具	预防研讨疏漏或不充分
共通点		5why 分析等基础工具对两者都有效	

对先行开发而言，帮助解决目标设定、寻找技术瓶颈实现方案等大型课题的工具是非常必要的。**突破阻碍因素的发散性**

思维方法有头脑风暴（Brainstorming）、蓝海（Blue Ocean）思考、TRIZ、品质功能展开（QFD）、VE、5why 分析等。此外，先行开发还会灵活应用基于 CAE（Computer Aided Engineering）的磁场分析、流体分析、热传导分析、声音分析等各种分析技术，以及基于模型的开发（Model Based Development）等。在先行开发中，应不被常识束缚，进行发散性思考，灵活使用最新的分析工具（请参考第 3 章 4.2.【3】：p. 79）。

在量产设计中，必须努力消除研讨疏漏或讨论不充分的问题。为此，需要灵活应用各种**品质管理手法**（FMEA、FTA、迈因纳定理、阿伦尼乌斯模型等）和 CAD 等工具，消除讨论疏漏，提升**鲁棒性**。以此保证安全系数和余量（请参考第 4 章 4.2.【3】：p. 166）。

【4】人与组织（表 6-4，表 6-5）

（1）人

表 6-4●第 4 个设计力要素——"人与组织"中的"人"

（资料来源：WORLDTECH）

人		先行开发	量产设计
主要差异点	定位	技术者+开拓者	技术者⊆设计者
	目标	建立挑战新课题、新技术的能力	建立协调不同团队的能力和与客户技术谈判的能力
共通点		技术研讨、专利申请、研究发表等，技术者的基本工作	

从事先行开发的设计者，是挑战新课题、新技术、新产品的**技术者+开拓者**。技术者+开拓者需要具备开拓未知世界的素质和能力，如课题把握能力、问题分析能力、系统理解能力、信息收集和分析能力、其他公司产品的调查能力、对标能力等（请参考第 3 章 4. 2.【4】：p. 81）。同时，开拓未知，高涨的工作热情和领导力也是不可或缺的。

而在量产设计中，不仅要提升作为技术者的技术研讨、专利申请、研究发表等基础能力，还必须提升**协调不同团队的能力**，以及**与客户技术谈判的能力**。需要协调不同团队的能力，是因为要践行"全公司一起制作图纸"的原则。需要培养与顾客技术谈判的能力，是为了"获得客户的信赖"。只有这样的人，才能称之为设计者（请参考第 4 章 4. 2.【4】：p. 184）。

（2）组织

表 6-5 ● 第 4 个设计力要素——"人与组织"中的"组织"
（资料来源：WORLDTECH）

组织		先行开发	量产设计
主要差异点	团队（例）	跨部门团队（跨职能团队）	并行工作
	目标	组建跨领域的专家团队，通过知识的碰撞，获得新发现	从量产设计的初期开始，通过设计、品质、生产技术、企划等相关部门统一步伐，一起工作，提升 Q、C、D
共通点		与外部门（其他专家）的团队工作是十分重要的	

先行开发组建跨领域专家参与的跨部门团队（跨职能团队），通过知识的碰撞，获取新发现。

例如，产品开发团队与生产技术团队针对不同的开发主题，组建团队，展开技术研讨。并定期召开联合研讨会，汇报项目的进展情况。面对课题，相互提出自己的见解，以获得新发现（请参考第3章4.2.【4】：p.81）。

在量产设计中，从量产设计的初期开始，设计、品质、生产技术、生产、采购、企划等相关部门站在各自的专业角度，开展并行工作。以此提升设计和生产技术水平，预防研讨疏漏（请参考第4章4.2.【4】：p.189）。

【5】判断标准（表6-6）

表6-6●第5个设计力要素——"判断标准"

资料（来源：WORLDTECH）

判断标准		先行开发	量产设计
主要差异点	判断对象	·是否满足绝对领先目标的四要件 ·选择开发产品是否合理 ·技术解决方案是否合理	·是否符合产品设计标准 ·是否符合标准设计 ·是否符合材料标准等
	目标	判断成为绝对领先产品的可能性	判断是否达成设计目标Q、C、D
共通点		有内容判断标准和实施项目判断标准	

先行开发和量产设计的判断标准都可以分为**设计内容的判断标准和实施项目的判断标准**。

在先行开发中，设计内容的判断标准是绝对领先目标的四要件（目标项目的合理性，目标数值的合理性，是否符合系统的发展动向，是否符合发展时机）。开发产品的选择依据，即信息收集结果、系统领域与系统构成品的发展动向等，也是宝贵的判断标准。判断技术解决方案是否合理的基础技术也是重要的标准（请参考第 3 章 4. 2.【5】：p. 192）。

量产设计的判断标准为，基于积累下来的技术知识和诀窍制作而成的各种规定、标准和规格文件（请参考第 4 章 4. 2.【5】：p. 193）。

关于实施项目的判断标准，在先行开发阶段，包括是否遵循先行开发的流程、开发促进会的报告项目是否完备等。而在量产设计中，实施项目的判断标准指整车故障模式的判断标准，实车环境检查表，第 1、2 次 DR 检查表，出图检查表等（请参考第 4 章 4. 2.【5】：p. 196）。

【6】研讨/讨论和审议/裁决（表6-7）

先行开发是设定主要目标并为实现目标进行技术探索的工作，需要大胆挑战。因此，研讨/讨论和审议/裁决的工作可以同时进行（请参考第 3 章 4. 2.【6】：p. 87）。

表 6-7● 第 5 个设计力要素——"研讨/讨论和审议/裁决"

（资料来源：WORLDTECH）

研讨/讨论和审议/裁决		先行开发	量产设计
主要差异点	讨论/决策	一边讨论一边决策	将设计评审（讨论）和决议会分开
	目标	对象为目标和技术瓶颈等重大项目，因此可以一边讨论一边决策。	挑战 120% 达成 Q、C、D，重要是发现疏漏或研讨不充分的地方，因此应注意不决策，集中在讨论上
共通点		不仅在大型节点，在构成工作的小型节点，也会实施	

而量产设计需要细致无疏漏。因此，最好将研讨/讨论（设计评审：DR）与审议/裁决的工作分开进行（请参考第 4 章 4.2.【6】：p.198）。

无论是先行开发，还是量产设计，都不只在重大节点，在构成工作的小型节点上，也会实施研讨/讨论和审议/裁决（请参考第 3 章 4.2.【6】：p.87，第 4 章 4.2.【6】：p.198）。

【7】风土/土壤（表 6-8）

对先行开发而言，赞扬挑战未知和开拓新技术的精神，以及不畏风险的风土和土壤是至关重要的。而对于量产设计来说，必须有**执着**追求品质和成本、严格遵守交期的风土和土壤。其重要性已在前文反复说明。换言之，无论是先行开发，还是量产设计，对"造物"工作的执着精神都是必不可少的。

表 6-8●第 7 个设计力要素——"风土/土壤"

（资料来源：WORLDTECH）

风土/土壤		先行开发	量产设计
主要差异点	期待的风土/土壤	·赞扬挑战的风土 ·不畏风险的风土	执着于品质和成品、严守交期的风土
	目标	先行开发是对未知的挑战。找到高水平目标，开拓新技术。	坚持挑战 120% 达成 Q、C、D 的姿态
共通点		对造物工作的执着	

先行开发是"开拓未知的力量"，量产设计是"彻底做到 100%的力量"

综上所述，先行开发和量产设计的设计力七要素的内容各不相同。笔者汇总了两者的设计力对比（表 6-9）。

如果用一句话总结两者的差别，先行开发是**开拓未知的力量**，量产设计是**彻底做到 100%的力量**。结合此差异点，接下来论述一下设计者的应有姿态。

表 6-9 ● 先行开发和量产设计的设计力比较

（资料来源：WORLDTECH）

设计力要素	先行开发阶段的设计力	量产设计阶段的设计力
[1] 设计流程	• 调查系统的发展动向 • 调查产品的发展动向 • 对标 • 把握真正的需求 • 设定绝对领先目标 • 寻找技术瓶颈的解决方案等	• 构想设计 • 细节设计 • 试作品评价/实车安装确认 • 实车耐久评价等
[2] 技术知识 和诀窍	• 丰富的成功案例 • 类似产品的构成技术 • 产品特有技术等	• 积累的过往失败案例集 （过往麻烦） • 产品特有技术 • 产品共通的构成技术等
[3] 各种工具	• 突破（breakthrough）阻碍 因素的发散性思维方法 • 5why分析、功能展开、VE、 CAD/CAE等	• 防患于未然（FMEA/FTA……） • 稳健性设计 （参数设计/公差设计等） • 多种QC手法 CAD/CAE
[4] 人与组织	技术者+开拓者 • 课题把握能力 • 信息收集和分析能力 • 系统理解能力 • 对标能力 • 挑战能力 • 实机调查能力 • 实验能力 • 发展路径图的活用能力 • 突破课题的决心和热情 • 提升团队士气的领导力	技术者⊆设计者 • 技术研讨、专利、研究发表等 • 协调不同团队的能力 • 与客户技术谈判的能力
	• 跨职能团队 • 与专业工作合作等	• 并行工作、跨职能团队
[5] 判断标准	• 开发目标　• 类似产品设计标准 • 标准设计	• 设计标准　• 材料选择标准 • 耐久评价标准及依据
[6] 研讨/讨论和 审议/裁决	• 开发促进会（讨论和决议） • 各构成工作的开发会议	• 整体DR、单独DR（讨论） • 品质保证会（决策）
[7] 风土/土壤	• 即使结果是失败的，依然 进行挑战的风土 • 不畏风险的风土	• 造物之路（守护之路、变革之路）

开拓未知的力量　　彻底做到100%的力量

2 兼顾变革之路和守护之路

如果用**WAY**来描述造物工作的态度，则先行开发可以描述为**变革之路**（WAY），量产设计可以描述为**守护之路**（WAY）（请参考第4章4.2.【7】：p.238）。因为先行开发是开拓未知的工作，量产设计是100%实现品质（Q）、成本（C）以及交期（D）目标的工作。

无论是开拓未知，还是100%实现目标，实施主体都是人。人，换言之，设计者的应有姿态创造了职场之路（WAY）。迄今为止，一步一步创造而来。因此，要理解设计者的应有姿态，必须先理解WAY。

开发工作的顺序首先是先行开发，然后是量产设计。WAY须以维持和延续工作为主的"守护之路"为基础。基础稳固，才能挑战未知，才能形成"变革之路"。笔者按顺序介绍一下守护之路和变革之路吧。

【1】守护之路

公司里的各级单位都可以理解成是一个小企业。设计部门也一样。就像企业有自己的创业精神一样，设计部门也应该有部门诞生时的设想和精神。然后在部门的历史作用下，逐渐形成某种**执着**、"做事方式"、"文化"等。而这些就是部门的WAY。换言之，WAY就是部门的风土和土壤，是该部门现在的工作态度的展示。

WAY分为无论环境如何变化、技术如何发展，都必须守护的东西，和应寻求变革的东西。应守护的是创业精神、品质第一的精神、严守交期的精神以及执着追求成本的精神。这就是"守护之路"[2]【Example 1】。

[2] 在笔者以前工作的公司，一旦发生品质问题，无须领导指示，大家会自动取消休假，积极寻找对策。即使是暑期长假也一样。我认为大家自然而然地那么做，就是企业文化。我们还会严格遵守交期。可能赶不上向客户汇报时，不需要谁要求，大家会主动去采集数据，努力赶上向顾客汇报的时间。出现品质、交期、成本课题时，齐心协力解决课题成为本能。这正是具备了守护之路（WAY）的工作氛围。

Example 1 这是笔者担任设计时的一段经历。笔者进公司几年后，随着美国在大气净化法（马斯基法案）之后陆续推出排放法规，日本和欧洲也开始强化排放要求。降低尾气排放量的法规要求逐渐变严，开发和导入排放净化系统成为重要课题。

毋庸置疑，全社会对尾气导致大气污染的话题非常敏感，一般汽车用户对尾气净化也表示出了很高的关心。当时，电子控制燃油喷射（EFI）系统还未成为主流，主流还是通过空气泵将空气送入排气管，使未燃烧气体进一步燃烧的二次空气喷射系统。笔者当初也负责了二次空气喷射系统的构成零件的设计工作。

当时我们还供货给欧洲的汽车主机厂。那是某年夏天的一段故事。我们从市场收到了破损产品。根据破损方式，我们判断这不是偶发故障，而是有一定发生比率的故障。

那时我们就非常重视市场问题，就算市场上返回一台不良，也会从原因分析到制定临时对策、再到实施根本对策，以最快的速度、最高优先级进行处理。这并不是有人指示才这样的。所有人都本能地发挥自身的最大力量解决问题。我们有这样的"风土"。

一旦市场上出现品质问题，周末就自动不是休息日了。因为，即使采取了临时对策，在研讨根本对策期间，工厂还是会持续生产未导入根本对策的产品（可能有品质问题的产品），并投入到市场中。

无独有偶，市场问题经常发生在长假前。结果就是，我们经常在长假第一天被叫去加班。部门已经形成了无须要求，相关人员就会假期加班的"风土"。

让我说回原来的故事。处理这起品质问题期间，7月之后，我突然联系不上汽车主机厂的同事了。原来他开始了一个月的高温假期。尽管市场上出现了品质问题。这对笔者而言，简直无法相信。这也让我意识到，原来工作氛围千差万别。

一个月后，休完高温假的主机厂同事这样说，"这个零件的市场品质问题发生率预计在○%以下，低于预测的市场抱怨率，没必要那么着急"。

【2】 变革之路

而"变革之路",是公司的核心技术和基础技术,必须不断提升这些技术。从笔者的经验来看,支撑公司的核心产品和核心技术 10 年就会颠覆【Example2】。

Example 2 以笔者曾经所在的公司部门为例,我刚进公司时,主力产品是应对排放法规的产品。然而,10 年不到,主力产品就变成改善油耗的产品了。而且,随着整车系统的发展,这类产品不断减少。在那之后,主力产品变为变速箱(transmission)领域的产品。我们不能觉得时下有主力产品,就可以安枕无忧。

即使是同一产品,10 年之后,核心技术也会提升两个台阶。例如,30 年间就出现了全电子式点火等新系统。产品是会被下一代产品取代的(请参考第 3 章 3.【2】:p.48)。

总结来说,产品和技术的"保鲜期"都不长久。虽然比起家电行业,车载产品的保鲜期已经很长了,但设计者还是要不断寻求技术进步,持续推出新产品。

在现在的汽车行业中,自动驾驶、电动化等技术日新月异。企业要实现永存,或者不断追逐技术发展,或者自己推出新技术,创造市场[3],二者必行其一。

---

*3 正因如此,现在才需要挑战新产品、新技术的工作氛围,即变革之路。**不畏风险的职场**,是允许挑战的职场。比起 100% 完成常规业务,

必须更加赞赏挑战实现50%的举动。这就是"变革之路"。

从发展路径图来看，这类属于技术推动（technology push）。第3章3.【2】（p.56）介绍了发展路径图中的市场牵引（market pull）。市场牵引是系统的发展动向引领产品和构成技术的开发方向。反过来，也存在构成技术先行，从而引领产品和系统的情况。近期热议的话题之一——人工智能（Artificial Intelligence：AI）的发展提升了汽车前方和四周的识别判断技术，进而促进了自动驾驶系统的高度发展。这就是构成技术的发展引导了系统的高度发展。

就像这样，造物行业也存在下层进步促进上层发展的情况，这就是**技术推动**（technology push）（图6-A）。

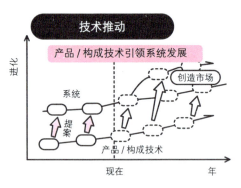

（资料来源：WORLDTECH）

图6-A●技术推动

造物行业的下层进步促进上层发展的情况，即构成技术先行，引领产品和系统的发展。

3 设计者不断挑战新目标

设计者在变革之路中挑战高目标，在守护之路中提高工作完成度。达到了既定的目标之后，要进一步挑战更高的目标。停留于现状可以表述为**十年如一日**[*4]（图6-1）。

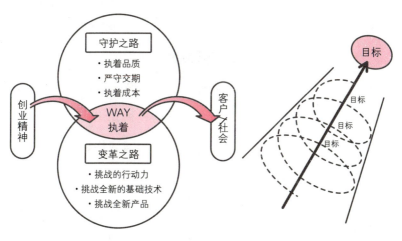

（资料来源：WORLDTECH）

图6-1●设计者应持续挑战更高的目标

　＊4　这是笔者从事设计工作时的一段经历。开发新产品时，我们会与各种公司的技术人员和设计者开会。那时，我切身感受到了不同公司的不同工作氛围。既有生气勃勃、传递公司活力的技术人员，也有"十年如一日"，每天都一个样儿的技术人员。企业活力指挑战新技术，努力让明天更好的氛围。这并不是高科技企业的"独家技艺"。与领域无关，不断尝

试挑战高品质、高技术产品的公司，就会充满活力。相反，"十年如一日"的技术者传递出一种死气沉沉的氛围。有些公司确实以前有非常优秀的技术，但 10 年间完全没进步。即这家公司 10 年前就达到了某种技术水平，但停止了进取的脚步。跟这家公司的技术人员交谈，我没有感受到任何一点发展技术的热情，当然，也没有感受到这些技术人员的任何活力。这正是欠缺了"变革之路"。

设计者必须挑战新产品和新技术。比如，即使以前只用机械式就能解决问题的领域，现在也绕不开飞速发展的电控技术了。集机械+电子回路+微型计算机+软件+通信于一体的产品越来越多，导入电子、软件和通信技术逐渐变成了必需。反之也一样，现实告诉我们，设计者绝不可以"只懂机械""只懂电路""只想做软件"。对于设计者来说，现在的世界很残酷，但同时也是提升自身技能的绝佳时机。机械技术人员也可以了解电路。电子技术人员也可以具备很强的机械知识。硬件技术人员也可以擅长软件。软件技术者也可以精通硬件。这些都是变革之路。

向着高目标，挑战新产品和新技术，必须始于现有主力产品还在成长之时。在第 3 章绝对领先目标的四要件中，曾经论述到，主力产品略见疲软之后再开始行动的话，就为时过晚了。

我们应实践变革之路。在拥有优势技术和发展迅猛的产品时，就开始讨论下一步产品。这需要变革之路根植于心。而且无须多言，挑战新技术和新产品，一定要以绝对领先产品为目标。

如果变革之路根植于心，就不会等待客户提出要求了，而是主动向客户提案。

4   挑战世界第一的设计者之言

笔者的公司致力于传承造物精神，汇集了很多造物领域的资深人士（公司的 OB）。他们应用积累的智慧、力量和经验，挑战解决人才培养和工作中的各种问题。

他们是开发设计、品质、生产技术、生产等各个领域的资深人士。虽然领域不同，但他们都是为了让客户更满意、更强于竞争对手，而不断磨砺技艺的强者。他们挑战世界第一的位置，燃烧着想要推出更好产品的梦想和热情，不断向新目标发起挑战。

现在，我问以某种形式从事造物工作的他们，对于造物工作而言，"什么心态最重要"。然后我发现，即使负责的产品和工程不同，但造物工作的精神却有共通之处。具体如下。

· **不被常识束缚**（试着怀疑"做不到""只能做到这"的想法）。

· 牢牢把握事实。

· 自己充分思考。

· 充分思考，理解本质。

· 不思考做不到的原因，而是思考如何做到。

· 先做一下试试。

· 不畏失败，勇于挑战（不过度畏惧风险）。

· **失败是宝贵的财富**。经历很多失败，也会学到很多（新事物虽然伴随着失败，但人会获得成长）。

· 不要别人怎么说就怎么做，而要成为**问题解决型**人才（不要等别人指示，要自己去发现问题，并主动行动）。

· **迷茫时，选择更苦的方式**（这决定了工作结果是拙作还是杰作）

· （信息+经验）×**执念**很重要。无执念就无结果（没有热情，就生不出智慧）。

这里没有任何一个标新立异的词语，反而都是些常常听到的词，并且是自己期盼的状态。但这些正是反复挑战与失败，立志于推出全球第一产品的人们对造物工作的真实思考。这些词语道出了造物工作的本质。

造物并不是什么特别的工作。造物是向着高目标，遵循原理和理论，脚踏实地，一步步努力工作。**志存高远**，为实现目标，**勇敢挑战**迎面而来的**难题**。这是对本文介绍的开发设计工作而言，最最重要的东西。

第  章

Q&A
设计者共通的七个烦恼

Q.1 设计和"设计力"有何不同？

A. 设计是为实现建筑物、工业产品等系统的具体落地，而讨论所需功能，并进行准备的工作。而设计力是彻底做好设计工作的力量。

开发设计分为先行开发和量产设计两个阶段。先行开发设定比竞争企业有优势（制胜于世界）的目标，彻底做好寻找技术课题（技术瓶颈）的解决方案的工作。而量产设计要彻底做好（挑战）消除品质不良的工作（源于设计原因的工程内不良为零、客户方不良为零、市场抱怨为零）。彻底做好必要的设计工作的力量，就是设计力。设计力由以下七个要素构成。

【1】设计流程（先行开发的流程，量产设计的流程）

【2】技术知识和诀窍

【3】各种工具

【4】人与组织

【5】判断标准

【6】研讨/讨论和审议/裁决

【7】风土/土壤

七个设计力要素分别存在于先行开发和量产设计之中。本书的目的就是详细解释先行开发和量产设计的七个设计力要素。

Q.2 在先行开发的流程中，有几次决定方针的工作，比起把时间花在定方针上，马上启动开发不是更好吗？

A. 我能理解希望尽早启动开发的心情。但是，首先要决定方针，方针是基本目标和手段。定下方针之后，沿着方针工作就行了。方针决定了后续的工作（第3章图3-16）。

先行开发要决定"产品选择方针"、"产品开发方针"、"技术应对方针"（请参考第3章4.2.【1】：p.42）。在第3章5.1展示的先行开发工作案例中，产品选择方针为"选择全世界通用的产品"。定下此方针后，才可以进行产品选择。如果方针为"开发专供给A公司的产品"，那么，将会选择符合A公司需求的产品。方针不同，即将开发的产品也不同。

如果没有方针，产品选择将很可能漫无计划，选来选去都选不到合适的。

合适的方针能够保证后续工作的合理性。请一定牢记前期吃重（Front Loading）。

Q.3 先行开发和量产设计由不同设计者负责比较好，还是应该由同一个人负责？

A. 各有所长，无法一概而论。因为先行开发和量产设计的设计力要素不同，设计者的应有姿态也不同。

先行开发是挑战开发新产品、开拓新技术的工作。<u>设计者必须不过度畏惧风险，成为果断行动的挑战者和变革者。</u>

与此相对，**量产设计**是执着追求品质和成本、严格遵守交期的工作。<u>设计者应该是脚踏实地、挑战完美无缺之人。</u>

综上所述，在先行开发和量产设计中，设计力内容是不同的，因此，理想的设计者形象也不同（第 6 章表 6-1）。

如果同一团队先后负责先行开发和量产设计，由于成员不变，所以先行开发的技术可以顺利衔接至量产设计。此外，工作人员可以经历两个开发阶段，具备两个阶段的设计力，扩大防守范围。

如果先行开发和量产设计由不同团队负责，那么将可以挑选适合各阶段的团队成员。最终，先行开发团队可以提升先行开发的设计力，量产设计团队可以提升量产设计的设计力。但由于双方都只能经历一个阶段，作为设计者，防守范围将变得有限。此外，两个阶段之间的移交工作会相对更费精力和时间。

先行开发和量产设计要求设计者具备的能力素质是不一样的。笔者认为，我们应尽可能成为兼具两个阶段的设计力、防守范围广泛的设计者。当然，聚焦于某个阶段，成为无人能及的专家也是选择之一。

Q. 4 在开发过程中有时会修改设计目标，这种做法好吗？

A. 一旦在开发过程中修改设计目标，将很可能导致投入的工时和开发费用付诸东流。时间无法挽回。修改目标是场大型返工。不改变定下的目标，是一条铁则。

设计目标决定了产品优劣，决定了客户是否接受，甚至还决定了能否战胜竞争对手。一旦定下设计目标，无论开发周期长短，全体人员都会朝着目标不断努力。绝不可以在开发过程中修改目标。

为了防止出现修改目标的情况，需要有明确的目标设定依据。明确的意思指，定量化依据。必须汇集支撑目标的背景数据。很多时候，这是一项费时费力的工作。例如，首先需要明确客户式样要求、现有产品式样、竞争对手的产品式样的定量数据。然后，根据产品的重要度级别，考虑三个式样的 "or" 或 "and" 的关系，决定设计目标（请参考第 4 章 7.1.【2】：p. 259）。

尤其产品为公司主力产品时，必须有支撑目标的定量依据。如果情况允许，希望投入几个月的时间来设定目标。定量依据的案例在第 3 章 5.2.【2】（p. 109）中有所展示。

Q.5 很忙时，希望可以将两次设计评审（DR）合并为一次，可以吗？

A. 笔者也做过很长时间的设计，所以可以理解提问者的心情。但是，执行 DR 是设计流程中的一项规则。绝不可以脱离设计流程的规则。

为什么不允许脱离设计流程呢？因为制造业是"加工自然的行业"。**自然不可欺**（请参考第 4 章 6.1：p.244）。我们的工作必须遵守这一点。

哪怕只不执行设计流程中的一个步骤，也意味着允许品质不良的发生。企业现在的设计流程是自创业以来，不断从品质问题的经验教训中总结得来的。是众多前辈们持续改善的成果。因此，我们先不说设计流程是否是充分条件（今后持续改善），但无疑是必要条件。

如果上司或公司领导默认可以脱离某一设计流程，那意味着"发生品质问题也是无可奈何"。但实际上，应该不会有这样的领导，而且设计者也会抱着绝不产生品质问题的心态而努力。因此，无论规则是什么，都必须遵守。这是唯一的最佳方式。

遵守设计流程，彻底做好预防品质不良的工作。这就是设计力。

Q.6 虽然召开了品质决议会，但客户方和市场还是发生了品质不良。该怎么办呢？

A. 品质决议会成为"一决胜负之地"了吗？如果不是，品质决议会是徒有其表的，无法期待它带来什么效果。品质决议会没有为了做而做吧？无须多言，品质决议会的关键是"有内容、有质量"。

通常来说，品质决议会提前决定审议的项目。报告人说明时，必须努力让决策者正确理解审议项目，并拿出依据，汇报目标的合理性。说明实现商品式样的技术课题时，应说明理论论证成立，并已通过定量化的实验验证。此外，应具体展示试验条件和方法，清晰介绍数据的处理方法和判断标准。要想决策者给出正确的判断，清晰易懂的汇报是必不可少的。做好这些准备后，汇报人赌上尊严参会，决策者以对等的严肃心态听取汇报。实施品质决议会，必须将其作为"一决胜负之地"，不允许有任何松懈和怠慢。

如果认真执行，应该不会出现没有汇报或上司不知道等情况。反过来，如果仅把召开决议会视为一项规定来实施的话，将无法充分讨论式样的合理性和技术课题，然后会议就草草通过了。其后果便是，累积下来的问题在客户方或市场上暴露出来。

再重复一遍，品质决议会是一决胜负之地。

Q. 7 设计者和制造现场的工作人员沟通不畅。长此以往，会出问题吗?

A. 作为设计者，与现场人员的意见互通也是个人成长的重要部分。因为图纸是全公司一起制作的（请参考第 4 章 4.2.【4】：p.184）。即使决定一个小树脂件的形状，也需要方方面面的知识，例如是否容易成型、安装是否困难、是否有毛刺、模具结构是否合理等。虚心请教现场工作人员，可以提升图纸的质量。

与品质、生产技术、生产、采购、企划等全体相关部门沟通，可以提升并行工作（请参考第 4 章 4.2.【4】：p.184）的效果，画出倾注全部门甚至全公司智慧和力量的图纸。画出高水平图纸，需要所有相关部门齐心协力。

对于设计者而言，量产图纸是商品，绝不允许出现任何疏漏和失误。向生产现场输出图纸，意味着向客户提交图纸。

沟通很重要，但也需要适度的紧张感。在保持适度紧张感的环境中，相互打磨技艺，可以促进相互成长。

介绍一个例子吧。量产图纸必须在规定日期前完成。因为，出图后的生产工程准备等计划是基于出图时间和量产时间制定的。设计出图延迟，将给后续工程——"客户"带来大麻烦。

然而，现实中还是会出现花费大量时间解决课题，导致出图延迟的情况。这时需要我们与制造现场说明理由，获得他们的理解。起初可能遭到他们的批评。但获得他们的理解之后，制造、设计等全体相关人员会团结一致，努力挽回日程。

此外，为了达成性能，图纸有时会要求难度提升"两个等级"，否则就无法生产出产品。这时，我们可以预想到自己会被制造部门严肃追问。但如果充分解释，获取他们的理解的话，全体部门就可以齐心协力，共同挑战，实现目标。

综上所述，如果没有设计部门和制造现场之间的保持适度紧张感的流畅沟通，全公司就无法合作画出高质量的图纸。

结　语

笔者写这本书时，正是小行星探测器"隼鸟2号"飞抵地球的近邻小行星，处于自己1.5亿km的归途之时。科学技术突飞猛进，甚至让人觉得造物世界已无所不能。

但是，无论技术环境如何变化，都有不可忘记的东西。那就是造物的根本——优势和信赖。

日本以制造立国，要想在世界中持续占有重要一席，"确保优势"和"维持并提升客户信赖"是必不可少的。为此，必须大大提升设计力。肩负着日本造物业重要使命的设计者们，从事的是充满梦想、意义十足的工作。通过不断挑战更高的目标，可以提升设计力，做出好设计。

望设计者们向着全球第一产品的目标发起挑战，引入竞品没有的功能和技术，牢记"今日的非常识，将变成明天的常识"。

首先，要勇敢向前迈出一步。即使失败，也不要灰心。因为失败会带来个人和公司的成长，变成下一次向世界第一产品发起挑战的力量。

其实，世界第一产品就在我们身边。本书就介绍了一个成本低廉、结构简单的零件开发案例。请大家看看身边的产品吧。它们正在呼喊："快寻找切入口，让我成为世界第一产品吧！"执着追求品质与成本，严格遵守交期，让我们兼顾坚守与挑战！

怀着"设计力"可以像制造现场的"5S（整理/整顿/清扫/清洁/素养）"一样，根植于日本全体制造业的美好心愿，笔者写下了这本书。如果设计力能够深深根植于设计工作之中，那么提升奋战在世界舞台的日本企业的竞争力将指日可待！希望本书可以为提升日本制造业的优势和信赖，略尽绵薄之力。

最后，祝福读者朋友们挑战世界，大展宏图。

2019 年 12 月
寺仓修

东方出版社助力中国制造业升级

定价：28.00元

定价：32.00元

定价：32.00元

定价：32.00元

定价：32.00元

定价：32.00元

定价：30.00元

定价：30.00元

定价：32.00元

定价：28.00元

定价: 28.00 元

定价: 36.00 元

定价: 30.00 元

定价: 32.00 元

定价: 32.00 元

定价: 32.00 元

定价: 38.00 元

定价: 26.00 元

定价: 36.00 元

定价: 22.00 元

定价: 32.00 元

定价: 36.00 元

定价: 36.00 元

定价: 36.00 元

定价: 38.00 元

定价: 28.00 元

定价: 38.00 元

定价: 36.00 元

定价: 38.00 元

定价: 36.00 元

定价: 36.00 元　　　　　　　　定价: 46.00 元

定价: 38.00 元　　　　　　　　定价: 42.00 元

定价: 49.80 元　　　　　　　　定价: 38.00 元

定价: 38.00 元　　　　　　　　定价: 38.00 元

定价: 45.00 元　　　　　　　　定价: 52.00 元

定价: 42.00 元 定价: 42.00 元

定价: 48.00 元 定价: 58.00 元

定价: 48.00 元 定价: 58.00 元

定价: 58.00 元 定价: 42.00 元

定价: 58.00 元 定价: 58.00 元

定价: 58.00 元

定价: 58.00 元

定价: 58.00 元

定价: 58.00 元

定价: 58.00 元

定价: 68.00 元

定价: 68.00 元

定价: 68.00 元

定价: 68.00 元

定价: 68.00 元

定价：68.00 元

定价：68.00 元

定价：58.00 元

定价：88.00 元

定价：136.00 元（上、下册）

定价：136.00 元（上、下册）

定价：68.00 元

定价：58.00 元

定价：58.00 元

定价：58.00 元

"精益制造" 专家委员会

齐二石　天津大学教授（首席专家）

郑　力　清华大学教授（首席专家）

李从东　暨南大学教授（首席专家）

江志斌　上海交通大学教授（首席专家）

关田铁洪（日本）　原日本能率协会技术部部长（首席专家）

蒋维豪（中国台湾）　益友会专家委员会首席专家（首席专家）

李兆华（中国台湾）　知名丰田生产方式专家

鲁建厦　浙江工业大学教授

张顺堂　山东工商大学教授

许映秋　东南大学教授

张新敏　沈阳工业大学教授

蒋国璋　武汉科技大学教授

张绪柱　山东大学教授

李新凯　中国机械工程学会工业工程专业委会委员

屈　挺　暨南大学教授

肖　燕　重庆理工大学副教授

郭洪飞　暨南大学副教授

毛少华　广汽丰田汽车有限公司部长

金　光　广州汽车集团商贸有限公司高级主任

姜顺龙　中国商用飞机责任有限公司高级工程师

张文进　益友会上海分会会长、奥托立夫精益学院院长

邓红星　工场物流与供应链专家

高金华　益友会湖北分会首席专家、企网联合创始人

葛仙红　益友会宁波分会副会长、博格华纳精益学院院长

赵　勇　益友会胶东分会副会长、派克汉尼芬价值流经理

金　鸣　益友会副会长、上海大众动力总成有限公司高级经理

唐雪萍　益友会苏州分会会长、宜家工业精益专家

康　晓　施耐德电气精益智能制造专家

缪　武　益友会上海分会副会长、益友会/质友会会长

东方出版社

广州标杆精益企业管理有限公司

日本制造业·大师课

手机端阅读，让你和世界制造高手智慧同步

片山和也：
日本超精密加工技术
系统讲解日本世界级精密加工技术
介绍日本典型代工企业

国井良昌：
技术人员晋升·12讲
成为技术部主管的12套必备系统

山崎良兵、野々村洸，等：
AI工厂：思维、技术·13讲
学习先进工厂，少走AI弯路

高田宪一、近冈裕，等：
日本碳纤材料CFRP·11讲
抓住CFRP，抓住制造业未来20年的新机会

中山力、木崎健太郎：
日本产品触觉设计·8讲
用触觉，刺激购买

高市清治、吉田胜，等：
技术工人快速培养·8讲
3套系统，迅速、低成本培育技工

近冈裕、山崎良兵，等：
日本轻量化技术·11讲
实现产品轻量化的低成本策略

近冈裕、山崎良兵、野々村洸：
日本爆品设计开发·12讲
把产品设计，做到点子上

近冈裕、山崎良兵、野々村洸：

数字孪生制造：
技术、应用·10 讲

创新的零成本试错之路，智能工业化
组织的必备技能

吉田胜：

超强机床制造：
市场研究与策略·6 讲

机床制造的下一个竞争核心，是提供
"智能工厂整体优化承包方案"

吉田胜、近冈裕、中山力，等：

只做一件也能赚钱的工厂

获得属于下一个时代的，及时满足客
户需求的能力

吉田胜：

商用智能可穿戴设备：
基础与应用·7 讲

将商用可穿戴设备投入生产现场
拥有快速转产能力，应对多变市场需求

吉田胜、山田刚良：

5G 智能工厂：
技术与应用·6 讲

跟日本头部企业学
5G 智能工厂构建

木崎健太郎、中山力：

工厂数据科学家：
DATA SCIENTIST·10 讲

从你的企业中找出数据科学家
培养他，用好他

中山力：

增材制造技术：
应用基础·8 讲

更快、更好、更灵活
——引爆下一场制造业革命

内容合作、推广加盟
请加主编微信

图字：01-2021-1203 号

SEKAI NO.1 SEIHIN O TSUKURU KAIHATSU SEKKEI NO KYOKASHO written
by Osamu Terakura
Copyright © 2019 by Osamu Terakura. All rights reserved.
Originally published in Japan by Nikkei Business Publications, Inc.
Simplified Chinese translation rights arranged with Nikkei Business Publications, Inc.
through Hanhe International (HK) Co., Ltd.

图书在版编目（CIP）数据

这样开发设计世界顶级产品 /（日）寺仓修 著；冯晶 译. —北京：东方出版社，2021.6
（精益制造；072）
ISBN 978-7-5207-2196-7

Ⅰ.①这… Ⅱ.①寺… ②冯… Ⅲ.①企业管理—生产管理 Ⅳ.①F273

中国版本图书馆 CIP 数据核字（2021）第 086204 号

精益制造 072：这样开发设计世界顶级产品
（JINGYIZHIZAO 072：ZHEYANG KAIFA SHEJI SHIJIE DINGJI CHANPIN）

作　　者：[日] 寺仓修
译　　者：冯　晶
责任编辑：崔雁行　高琛倩
出　　版：东方出版社
发　　行：人民东方出版传媒有限公司
地　　址：北京市西城区北三环中路 6 号
邮　　编：100120
印　　刷：北京文昌阁彩色印刷有限责任公司
版　　次：2021 年 6 月第 1 版
印　　次：2021 年 6 月第 1 次印刷
开　　本：880 毫米×1230 毫米　1/32
印　　张：11.125
字　　数：170 千字
书　　号：ISBN 978-7-5207-2196-7
定　　价：78.00 元
发行电话：(010) 85924663　85924644　85924641
